Jidongche Jiashi Peixun Jigou
Anquan Guanli Gangwei Peixun Jiaocai

机动车驾驶培训机构
安全管理岗位培训教材

本书编写组　编

人民交通出版社
China Communications Press

内容提要

本书为机动车驾驶培训机构安全管理岗位培训教材，全书共四章，主要内容为概论、机动车驾驶培训安全基础知识、安全生产行业管理、驾培机构安全管理实务。本书可供驾培机构安全管理岗位培训使用。

图书在版编目(CIP)数据

机动车驾驶培训机构安全管理岗位培训教材/《机动车驾驶培训机构安全管理岗位培训教材》编写组编. —北京：人民交通出版社，2013.8

ISBN 978-7-114-09142-1

Ⅰ.①机… Ⅱ.①机… Ⅲ.①汽车驾驶-安全管理-技术培训-教材 Ⅳ.①U471.15

中国版本图书馆CIP数据核字(2011)第095024号

书　　名：机动车驾驶培训机构安全管理岗位培训教材
著 作 者：本书编写组
责任编辑：顾燏鲁　范　坤　王金霞
出版发行：人民交通出版社
地　　址：(100011)北京市朝阳区安定门外外馆斜街3号
网　　址：http://www.ccpress.com.cn
销售电话：(010) 59757973
总 经 销：人民交通出版社发行部
经　　销：各地新华书店
印　　刷：北京市密东印刷有限公司
开　　本：880×1230　1/32
印　　张：5.125
字　　数：87千
版　　次：2013年9月　第1版
印　　次：2014年12月　第3次印刷
书　　号：ISBN 978-7-114-09142-1
印　　数：4001-6000册
定　　价：25.00元
(有印刷、装订质量问题的图书由本社负责调换)

本书编写组

编写编导小组

组　长：陈永林

副组长：胡群力　王敏梅

成　员：张礼飞　陈志顺　周晓峙　王守杰

钱晓明　马勤超　吴晓斌　仇小军

评审专家组

组　长：张礼飞

副组长：陈志顺

成　员：庄新华　严茂良　叶文呈　林炳荣

尤　虹　王鸣华　潘洪锋　牟宏宇

编 写 组

组　长：陈志顺

副组长：吴晓斌

成　员：赵丽春　罗育民　陈锡征

前　言

2009年以来，我国小汽车数量呈爆炸式增长，出现学驾和购车两个“井喷”。很多省的学驾人员早已突破百万大关。学驾人数的剧增，给驾驶培训（以下简称“驾培”）行业带来了巨大活力，同时也加大了驾培行业管理和驾培机构内部管理的压力。目前每辆教练车上的学驾人数不断增加，各驾培机构的经济效益随着学驾人数的剧增不断提升，但教学行车安全事故发生率也随着教学人员工作负荷的增大而有所增加，教学行车安全管理矛盾日趋复杂。

为了加强驾培机构安全管理工作，提高驾培机构管理人员、特别是安全管理人员和直接承担教学任务的教练员的安全知识水平、安全意识、安全管理和安全教学技能，并考虑到驾培机构安全管理的特殊性，我们组织编写了本书，以满足驾培机构安全管理岗位人员培训之需。本书在编写时贯彻了兼顾共性与个性的思想。所谓“共性”是指安全管理基础知识的普及和道路运输业安全管理的共同特征。所谓“个性”是指驾培行业和驾培机构安全管理工作区别于其他道路运输行业的要求与内容。因此，本书在满足驾培机构安全管理岗位人员培训需要的同时，还可以作为驾培机构其他人员提高安全管理水平、增强安全意识的参考书和教练员继续教育用书。

本书由浙江省道路运输管理局陈永林任总策划，陈志顺主审，杭州技师学院吴晓斌主编。第一章由吴晓斌编写；第二章由陈锡征编写；第三章由赵丽春编写；第四章由罗育民编写。由于编写时间比较仓促，加之编写人员的水平有限，本书难免存在这样或那样的缺陷，特别是在驾培机构安全管理个性知识的分析方面研究得还不够深入，给后续编著者留下了一定的探索空间。诚望本书能发挥抛砖引玉的作用，唤起大家研究探讨驾培行业安全管理的兴趣，推动驾培行业安全管理工作又好又快地发展。

编　者

目　　录

第一章　概论 ………………………………………… 1
第一节　安全生产管理概述 ……………………… 1
一、安全生产与安全生产管理的概念……………… 1
二、企业安全生产的意义…………………………… 2
三、安全生产管理的方针与要求…………………… 4
第二节　安全管理基础知识 ……………………… 8
一、现代安全管理观念……………………………… 8
二、企业安全生产事故和特征 …………………… 11
三、事故成因理论 ………………………………… 15
四、安全生产管理的基本内容 …………………… 31
五、安全生产责任制 ……………………………… 34
六、企业安全生产检查 …………………………… 37
第三节　安全生产法规与制度建设………………… 45
一、安全生产立法意义及执法基本原则 ………… 45
二、安全生产立法的必要性 ……………………… 46

三、我国安全生产法律体系的分类及基本框架 …………………………………………… 46

第二章 机动车驾驶培训安全基础知识 ………… 49

第一节 教练员的安全管理 ……………………… 49

一、把好"准入关",严格教练员的准入 ……… 49

二、建立教练员安全档案 ……………………… 51

第二节 教练员素质与安全教学的关系 ……… 52

一、教练员身体素质对教学安全的影响 ……… 52

二、教练员心理素质对教学安全的影响 ……… 58

三、教练员技术素质对教学安全的影响 ……… 61

四、教练员道德素质对教学安全的影响 ……… 63

五、教练员文化素质对教学安全的影响 ……… 68

第三节 教练员的安全意识 ……………………… 68

一、安全意识是机动车驾驶教练员的灵魂 …… 69

二、文明驾驶是教练员的基本素养 …………… 69

三、遵章守法是教练员的生命线 ……………… 70

第四节 道路交通安全科普知识 ………………… 71

一、汽车辅助安全设施在使用上的认识误区 … 71

二、安全行车方面认识上的误区 ……………… 79

三、交通生理心理学基础知识 ………………… 81

四、提高教练员心理素质的对策 ……………… 84

五、教练员安全心理知识 …………………… 86

第三章　安全生产行业管理……………………… 91

第一节　现行安全管理体制……………………… 91
一、政府统一领导 ……………………………… 91
二、部门依法监管 ……………………………… 92
三、企业全面负责 ……………………………… 92
四、群众参与监督 ……………………………… 93
五、全社会广泛支持 …………………………… 93
第二节　机动车驾驶培训机构安全监管………… 94
一、监督管理的指导思想 ……………………… 94
二、驾培机构安全生产监督管理组织领导 …… 95
三、道路运输安全生产监督管理保障体系 …… 96
四、道路运输安全督查的方法与要求 ………… 99
五、安全管理执法………………………………… 106

第四章　驾培机构安全管理实务 ……………… 108

第一节　安全管理工作的任务和内容 ………… 108
一、驾培机构安全管理工作的任务……………… 108
二、驾培机构安全教学管理工作的主要内容
…………………………………………………… 108
第二节　驾培机构安全管理机构和职责 ……… 114

一、安全管理机构设置和人员配备…………… 115
二、各级机构和人员的安全职责与工作要求
………………………………………………… 115
三、安全教学管理工作的负责制……………… 130
四、安全教学目标管理制度…………………… 131
第三节 教学车辆机务安全管理 …………… 131
一、教练车机务管理的任务与职责…………… 131
二、教练车机务管理的基础工作……………… 132
三、教练车的维护与修理……………………… 132
四、安全管理措施……………………………… 134
五、事故处理…………………………………… 139
第四节 行车事故统计报告制度 …………… 142
一、行车事故统计……………………………… 142
二、行车事故报告……………………………… 143
第五节 教学行车安全事故案例选 ………… 147

第一章　概　　论

第一节　安全生产管理概述

一、安全生产与安全生产管理的概念

安全生产是指为达到生产、经营活动中的人身安全和财产安全的目的在生产过程中采取的预防措施和活动。

安全生产管理是指负有安全生产管理职责的管理者对安全生产工作进行的计划、组织、指挥、协调和控制的一系列管理活动。

安全生产管理可分为国家有关行政机关对生产经营单位的安全生产工作进行的管理和生产经营单位自身进行的安全生产管理。国家有关行政机关对生产经营单位的安全生产工作进行管理是行使安全生产行政管理权的体现，其管理往往与安全生产监督和监察密不可分；生产经营单位自身进行的安全生产管理是其管理工作的组成部分，往往体现为生产经营单位在实

际生产过程中建立的一套行之有效的安全生产管理方法。

安全生产管理从管理学角度区分有两种理解，即宏观安全生产管理和微观安全生产管理。宏观安全生产管理是大安全概念，即凡是为实现安全生产而进行的一切管理措施和活动都属于安全生产管理的范畴，如国家立法、地方立法、企业所采取的安全生产管理措施；微观安全生产管理是小安全的概念，主要指从事生产经营的单位所进行的具体安全管理活动。安全生产管理作为经济生活的一部分，是管理范畴的一个分支，应遵循管理的一般规律和基本原理；同时安全生产管理作为安全生产法的重要内容之一，应严格按照法律要求的内容和程序进行，违者须承担法律责任。

二、企业安全生产的意义

企业安全生产的意义总体上有以下几个主要方面：

一是以人为本理念的重要体现。党和国家高度重视以人为本理念，强调科学的发展观，走可持续发展的强国之路。人是社会活动的主体，一切的社会活动都为了人的健康发展而开展，如果以牺牲人的健康和生命来实现社会经济的发展，那么这样的发展就毫无意义。那种认为在经济发展的初级阶段安全技术和安全投入都严重匮乏，只能牺牲一些人的健康和生命来换取经济发展的观点，是与以人为本的理念背道而驰的。人的生存权是平等的，人是最宝贵的财富。保护人的生命，珍惜人的健康，是现代人的基本意识流，也是社会文明的象征。

二是社会稳定的需要。随着现代工业的飞速发展，新材料、新能源、新工艺的广泛应用，工业向大型化、连续化、自动化发展，各类安全问题越来越多，加上一些生产经营单位负责人不重视安全管理，促使不安全、不稳定的状况更加严重。这种现象不仅会导致事故多发和职业危害的严重后果，还会激化矛盾，影响社会稳定。现实生活中，一起严重的交通事故、一场大火、一次危险化学品爆炸泄露、一次群体的职业病伤害，不仅会消耗大量的财力物力，而且必定会导致家庭的不幸和破碎，严重的会引起社会动荡，留下一系列的社会稳定问题。

三是企业效益的基础。从企业的经济效益来讲，安全生产可以起到减少事故造成的损失的作用，即减损的作用，更为重要的是安全生产具有保护生产力和树立企业信誉的作用。其表现在：第一，职工的安全素质是生产力的重要组成部分。因为劳动力是生产力中最为重要的组成部分，劳动力安全素质的提高，使得劳动力的直接和间接的生产潜力得以保障和提高。第二，安全装置与设施是生产资料的重要组成部分。安全装置与设施的先进性代表了生产技术和设备的先进性，它将大大地提高劳动生产率，有力地保护劳动者安全。第三，安全生产环境和条件可以保护生产力发挥作用，从而间接地体现安全生产力的作用。第四，安全管理水平也是企业的一种品牌，是企业的商业信誉。它常常是企业的市场准入资格、无形资产、贷款资信、市场竞争力、商业机会的一个重要组成部分。现在，社会也已经形成这样一种共识，即若企业的安全生产管理问题严重，伤亡事故经常发生，则该企业的其他管理也肯定问题成堆。

四是每一个劳动者的最基本的需要。因为安全生产能够给个人带来如下的作用：首先是生命与健康的保护。只有提高安全生产水平，员工的事故伤亡才能减少，职业病的发生率才能下降。其次是家庭幸福的前提。事故会给家庭造成极大的不幸，有效预防和创造安全条件、确保安全生产，是职工家庭幸福的前提。再次是生活质量的体现。在现代社会，对于一个家庭或者每一个人，安全感是生活质量的重要体现。健康、安全的工作环境，可以给每个人带来身心安全与健康，给每一个家庭带来幸福和美满。

三、安全生产管理的方针与要求

1. 安全生产管理方针的含义

《中华人民共和国安全生产法》（以下简称《安全生产法》）第三条规定：“安全生产管理，坚持安全第

一、预防为主的方针。”“安全第一、预防为主”的方针是我国多年安全生产管理工作的经验总结。1983年，《国务院批转劳动人事部、国家经委、全国总工会关于加强安全生产和劳动安全监察工作的报告的通知》（国发〔1983〕85号）中指出：“在安全第一、预防为主的思想指导下搞好安全生产，是经济管理、生产管理部门和企业领导的本职工作，也是不可推卸的责任。”这是第一次明确提出我国的安全生产方针是“安全第一、预防为主”。1987年，全国劳动安全监察工作会议上又一次重申了这一方针，并强调在生产中要做好预防工作，尽可能将事故消灭在萌芽状态。“安全第一、预防为主”的含义有以下三个方面。

（1）在安全生产管理和生产经营活动中正确处理生产与安全的关系，应把安全工作放在第一位，强化安全生产，当生产与安全发生矛盾时，生产要服从安全，让位于安全。实现安全生产是生产发展的客观需要，特别是在现代化大生产中职业危害因素不断变化和增多的情况下，更不允许借发展经济而忽视安全。我国是社会主义国家，安全生产是党和国家的一项重要政策，它是保护劳动者人身安全和健康、体现党和政府对劳动者人文关怀的重要举措，是社会进步文明程度的重要标志，同时也是维护社会稳定，促进国民经济稳定、持续、健康发展，进而实现社会和谐、科学发展的基本条件。

（2）安全生产工作必须强调预防为主，要求从事安全生产工作或管理的人员首先在思想意识上重视预防工作，并在事故发生前做好预防工作，以避免或减少事故的发生。预防为主是现代化生产发展的需要，在科学技术日新月异、不断更新换代的今天，生产过程中只要重视预防工作，加大预防工作的资金、人员、安全技术设备的投入，搞好科学预测与分析工作，消除生产过程中的不安全、不卫生因素，做到“防患于未然”，是有可能将事故消灭在萌芽状态或将事故的损害程度降至最低的。

（3）安全第一、预防为主两者是相辅相成，相互促进的。“预防为主”是实现“安全第一”的基础，要做到安全第一，就要做好预防工作；“安全第一”是“预防为主”实现的目标，预防工作做好了，就可以保证生产安全。

2. 贯彻安全生产管理方针的要求

要实现“安全第一、预防为主”的方针，就必须做到以下四点。

（1）必须坚持以人为本、科学发展的观点。以人为本，就是尊重人的生命，尊重人的尊严，把保证人民群众的生命安全放在各项工作的首要位置。任何忽视安全生产的行为，都是对人民群众的生命安全不负责任的行为。各级人民政府、政府有关部门及其工作人员，都必须本着对人民群众高度负责的精神，始终坚持以人为本的思想，把安全生产作为经济工作中的首要任务来抓。

（2）依法实现安全生产。新中国成立以来，国家高度重视安全生产问题，尤其是20世纪90年代后，全国人大制定和出台了一系列涉及安全生产的法律、法规和规章，对各类生产经营单位的安全生产提出了基本要求，如《中华人民共和国劳动法》、《中华人民共和国矿山安全法》、《中华人民共和国煤炭法》、《中华人民共和国消防法》、《中华人民共和国海上交通安全法》、《中华人民共和国建筑法》、《中华人民共和国煤矿安全监察条例》等对生产经营单位安全生产基本义务做了详尽的规定。不论是安全生产管理，还是安全生产工作，都应依法进行。

（3）加强预防工作，安全生产工作重在防范事故的发生。

（4）要依法追究安全生产事故责任人的责任。安全生产事故发生后，要在事故调查的基础上，明确各方的责任。既要追究有关行政机关及其工作人员的法律责任，也要追究生产经营单位及其有关人员的法律责任。对漠视人民群众生命安全，不遵守安全生产法律、法规和规章的有关责任人员，要依法追究其行政责任、民事责任和刑事责任，这也是“安全第一、预防为主”方针的要求和体现。

第二节 安全管理基础知识

安全管理是指以国家的法律、规定和技术标准为依据，采取各种手段，对企业生产的安全状况实施有效制约的一切活动。

企业安全管理的内容主要包括：行政管理、技术管理、工业卫生管理。

企业安全管理的对象包括：生产人员、生产的设备和环境、生产的动力和能量以及管理的信息和资料。

企业安全管理的手段有：行政手段、法制手段、经济手段、文化手段等。

安全生产管理是生产经营单位管理的一个重要组成部分。企业的安全生产管理、质量管理、经营管理等各项管理工作密切关联、相互渗透。企业安全状况是整个企业综合管理水平的反映。

一、现代安全管理观念

现代企业的安全管理，需要有正确的安全观念指导，只有对安全生产的观念有了正确的认识和理解，具备了一定的安全行为艺术和技能，企业的安全活动才能跟上文明时代的节拍。

1. 安全第一的哲学观

安全是条件、是基础，生产是目的。“安全第一”是一个辩证的概念。它是在人类活动的方式上相对于其他方式或手段而言的，并且在与之发生矛盾时必须遵循的原则。“安全第一”的原则通过以下方式体现：

（1）在思想认识上，安全高于其他工作。

（2）在组织机构上，安全权威大于其他组织和部门。

（3）在资金安排上，安全资金的重视程度大于其他工作所需要的资金。

（4）在知识更新上，安全知识学习先于其他知识的学习和培训。

（5）在检查考评上，安全的检查评比严于其他考核工作。

（6）当安全与生产、经济效益发生矛盾时，安全优先。

警钟长鸣，事故为零。安全工作在企业的各项工作中，既是企业工作目标，又是各项工作的基础，是众多第一（质量第一、信誉第一、效益第一）中的第一。只有建立了“安全第一”的哲学观，才能处理好安全与生产、安全与效益的关系，才能做好企业的安全工作。

2. 重视生命的情感观

安全维系人的生命安全与健康，“生命只有一次”、“健康是人生之本”；反之，事故对人类安全的破坏，则意味着生存、康乐、幸福、美好的毁灭。由此，充分认识人的生命与健康的价值，强化“善待生命、珍惜健康”之理，是我们社会每一个人应该建立的情感观。不同的人应有不同层次的情感体现，员工或一般公民的安全情感主要是通过“爱人、爱己”、“有德、无违”体现。而对于管理者和组织领导，以人为本、尊重与爱护职工是企业法人代表或雇主应有的情感观。其主要表现为：用热情的宣传教育激励职工；用衷情的服务支持安全技术人员；用深情的关怀保护和温暖职工；用柔情的举措规范职工安全行为；用绝情的管理爱护职工；用无情的事故启发众人。

3. 安全效益的经济观

实现安全生产、保护职工的生命安全与健康，不仅是生产经营单位的工作责任和任务，而且是保障生产顺利进行、实现生产经营单位效益的基本条件。抓安全就是抓效益，安全工作做的好不仅能减损，而且能增值，这是生产经营单位法人代表应建立的安全效益经济观。安全投入不仅能给生产经营单位带来间接的回报，而且能产生直接的效益。

4. 预防为主的科学观

要高效、高质量地实现企业的安全生产，必须走预防为主之路，必须采用超前管理、预期管理的方法，这是实践证明的科学真理。任何事故从理论上讲，都是可以预防的。因此，人们应该通过制定合理的对策和措施，最大限度地消除事故隐患，将安全事故的发生概率降到最低。

二、企业安全生产事故和特征

现代安全生产实践的“安全”应当包括两层含义：一是预知危险，二是消除危险，两者必须兼备。从广义上说，安全工作就是预知人类活动的各个领域里存在的固有或潜在的危险，以及为消除这些危险所采取的各种方法、手段和行动的总称。安全技术则是解决人类活动过程中安全问题的工程技术。

1. 安全生产事故的基本特征

生产经营单位安全生产事故是指在生产经营单位生产过程中发生的事故，它的发生通常是意外的、突然的且后果是有害的（导致人身的伤害和财产的损失)，即具有意外性、突发性、破坏性的特点。安全生产事故与其他事故一样，具有自己的特性。安全生产事故具有以下五个主要特征：

1）事故的因果性

事故的发生是具有原因的，事故与导致事故发生的各种原因之间存在一定的因果关系。导致事故发生的各种原因称为危险因素。危险因素是原因，事故是结果。事故的发生往往是多种因素综合作用的结果。因此，分析研究各危险因素的特征、形成过程、事故发生的规律和途径，对预防和控制事故的发生发展具有重要的意义。

2）事故的偶然性与必然性

事故是一种随机现象，其发生和后果往往具有一定的偶然性和随机性。同样的危险因素，在某一条件下不会导致事故，而在另一条件下则会引发事故；同样类型的事故，在不同的场合会导致完全不同的后果，这是事故的偶然性的一面。之所以说事故具有随机性是因为人们对事故的发生、发展规律还没有完全认识。同时，事故又表现出其必然性的一面，从概率角度讲，危险因素的不断重复出现，必然会导致事故的发生，任何侥幸心理都可能导致严重的后果。

3）事故的潜伏性

事故尚未发生和造成损失之前，似乎一切都处于“正常”和“平静”的状态，但这并不意味着不会发生事故。相反，此时危险因素在聚集和累加，事故也正处于孕育和生长状态，这就是事故的潜伏性。

4）事故的规律性

事故的发生具有随机性，但事故的发生也具有一定的规律性，只是这种规律还没有被人们有效掌握。规律性表现在事故的发生具有一定的统计规律以及事故的发生受客观自然规律的制约。事故的规律性使人类可以预测事故的发生，并通过采取措施预防和控制同类事故成为可能。

5）事故的复杂性

事故的复杂性表现在导致事故的危险因素往往是错综复杂的，各种因素对事故发生的影响程度是复杂的，且事故的形成过程和规律也是复杂的。事实上，事故的本身就是一种复杂的现象。

2. 事故的分类

根据我国有关劳动保护法规和标准，目前应用比较广泛的事故分类主要有以下几种。

1）按伤害程度分类

即在事故发生后，按事故对受害者造成的损伤以致劳动能力丧失的程度分类。

（1）轻伤，指损失工作日为1个工作日以上（含1个工作日），105个工作日以下的失能伤害。

（2）重伤，指损失工作日为105个工作日以上（含105个工作日）的失能伤害，重伤的损失工作日最多不超过6 000日。

（3）死亡，其损失工作日定为6 000日，这是根据我国职工的平均退休年龄和平均死亡年龄计算出来的。

此种分类是按伤亡事故造成损失工作日的多少来衡量的，而损失工作日是指受伤害者丧失劳动能力（简称失能）的工作时间。各种伤害情况的损失工作日数，可按《企业职工伤亡事故分类标准》（GB 6441—1986）中的有关规定计算或选取。

2）按事故严重程度分类

即在事故发生后，按照以上所受伤害程度和伤亡人数分类。

（1）轻伤事故，指只有轻伤的事故。

（2）重伤事故，指有重伤没有死亡的事故。

（3）死亡事故，指一次死亡1~2人的事故。

（4）重大伤亡事故，指一次死亡3~9人的事故。

（5）特大伤亡事故，指一次死亡10人以上（含10人）的事故。

3）按事故类别分类

《企业职工伤亡事故分类标准》中，将事故类别划分为20类。这一分类方法同20世纪50年代制定的分类标准相比有所改进。

4）按受伤性质分类

受伤性质是指人体受伤的类型。实质上这是从医学的角度给予受伤的具体名称，常见的有以下一些名称：电伤、挫伤、割伤、擦伤、刺伤、扭伤、倒塌压埋伤、冲击伤等。

三、事故成因理论

事故是由于人和物的接触而发生的。事故的直接原因是人的不安全行为和物的不安全状态。事故的间接原因是管理上的欠缺，或者说是管理和技术上的欠缺。安全生产伤亡事故是有原因的。若消除这些原因，加以改进，事故是可以避免的。已知的事故原因，倘若允许其继续存在，就会发生同类事故。

事故成因理论也称事故理论，是指对事故发生规律的概括性认识。事故现象不是一种单纯的物理化学现象，而是一种复杂的系统故障现象。因此，很多事故规律不能像有些自然科学那样能予以精确的描述，而是需要逐步发现、逐步发展、逐步成熟的。

1. 事故成因的含义

所谓成因即原因，是指造成某种结果或引起另一件事情发生的条件。事故成因是指造成事故这一结果的原因或条件。结果是指在一定阶段内事物发展所达到的最后状态，事故就是某种原因导致的一种结果。原因与结果是哲学中的一个范畴，唯物辩证法认为，原因与结果是互相联系的，一个运动是引起另一个运动的原因，或者说，一个运动的结果是由另一个运动引起的，具备了一定的条件，必然导致一定的结果。原因与结果是密切联系的，同一结果由不同原因引起，叫做一果多因；同一原因引起不同的结果，叫做一因多果。原因与结果只是相对的，不是绝对的，它们在一定条件下可以互相转化，即原因变成结果，结果变成原因。例如，在坠落事故中，人的不安全行为是原因，坠落是结果，而导致人员伤亡的最终结果又是由坠落的原因引起的。事故成因理论，从各个不同的侧面揭示了事故的因果性，为人们有效地预防事故提供了依据。

2. 事故成因理论的基本观点

究竟事故是什么原因引起的？构成事故的因素有哪些？中外学者以此为课题，进行了深入研究，提出了很多有特色的看法，其中有代表性的观点有以下几种。

1）能量意外释放论

能量是物体做功的本领，人类社会的发展就是不断地开发和利用能量的过程。但能量也是对人体造成伤害的根源，没有能量就没有事故，没有能量就没有伤害。能量意外释放论由吉布森（Gibson）在1961年提出、1966年哈登（Haddon）等人完善了解释事故发生物理本质的能量意外释放论。其基本观点是：不希望的或异常的能量转移是伤亡事故的致因，即人受伤害的原因只能是某种能量向人体的转移，而事故则是一种能量的不正常的或不期望的释放。

能量按其形式可分为动能、势能、热能、电能、化学能、原子能、辐射能（包括离子辐射和非离子辐射）、声能和生物能等。人受到伤害都可归结为上述一种或若干种能量的不正常的或不期望的转移。在能量意外释放论中，把能量引起的伤害分为两大类。

第一类伤害是由于施加了超过局部或全身性损伤阈值的能量而引起的。人体各部分对每一种能量都有一个损伤阈值，当施加于人体的能量超过该阈值时，就会对人体造成损伤。大多数伤害均属于此类伤害。例如，在工业生产中，一般都以 36V 为安全电压，即在正常情况下，当人与电源接触时，由于 36V 在人体所承受的阈值之内，所以不会造成任何伤害或伤害极其轻微；而由于 220V 电压大大超过人体的阈值，所以与其接触，轻则灼伤造成某些功能暂时性损伤，重则造成终身伤残甚至死亡。

第二类伤害则是由于影响了局部或全身性能量交换引起的，如因机械因素或化学因素引起的窒息（溺水、一氧化碳中毒等）。

能量转移论的另一个重要概念是：在一定条件下，某种形式的能量能否造成伤害及事故，这主要取决于人所接触的能量的大小、接触时间的长短和频率、力的集中程度和受伤害的部位及屏障设置的早晚等。

该理论阐明了伤害事故发生的物理本质，指明了防止伤害事故就是防止能量意外释放、防止人体接触能量。根据这种理论，人们要经常注意生产过程中能量的流动、转换以及不同形式能量的相互作用，防止发生能量的意外释放或逸出。

用能量转移的观点分析事故致因的基本方法是：首先确认某个系统内的所有能量源，然后确定可能遭受该能量伤害的人员及伤害的可能严重程度，进而确定控制该类能量不正常或不期望转移的方法。

能量转移论与其他事故致因理论相比，具有两个主要优点：一是把各种能量对人体的伤害归结为伤亡事故的直接原因，从而确定了将对能量源及能量输送装置的控制作为防止或减少伤害发生的最佳手段这一原则；二是依照该理论建立的对伤亡事故的统计分类，可以全面概括、阐明伤亡事故类型和性质。能量转移论的不足之处是：由于机械能（动能和势能）是工业伤害的主要能量形式，所以按能量转移的观点对伤亡事故进行统计分类的方法尽管具有理论上的优越性，但在实际应用上却存在困难，还有待于对机械能的分类做更为深入细致的研究，以便对机械能造成的伤害进行分类。

从能量意外释放论出发，预防伤害事故就是防止能量或危险物质的意外释放，防止人体与过量的能量或危险物质接触。约束、限制能量，防止人体与能量接触的措施叫做屏蔽，这是一种广义的屏蔽。在工业生产中经常采用的防止能量意外释放的屏蔽措施主要有以下几种：

（1）用安全的能源代替不安全的能源。有时使用的能源具有的危险性较高，这时可考虑用较安全的能源取代。例如，在容易发生触电的作业场所，用压缩空气动力代替电力，可以防止发生触电事故。但是应该注意，绝对的安全是没有的，以压缩空气作为动力虽然避免了触电事故，但压缩空气管路破裂、脱落的软管抽打等都带来了新的危害。

（2）限制能量。在生产工艺中尽量采用低能量的工艺或设备，这样即使发生了意外的能量释放，也不致发生严重伤害。例如，利用低电压设备防止电击，限制设备运转速度以防止机械伤害等。

（3）防止能量蓄积。能量的大量蓄积会导致能量突然释放，因此，要及时泄放多余的能量，防止能量蓄积。例如，可以通过搭铁消除静电蓄积，利用避雷针放电保护重要设施等。

（4）缓慢地释放能量。缓慢地释放能量可以降低单位时间内释放的能量，减轻能量对人体的作用。例如，各种减振装置可以吸收冲击能量，防止人员受到伤害。

（5）设置屏蔽设施。屏蔽设施是一些防止人员与能量接触的物理实体，即狭义的屏蔽。屏蔽设施可以设置在能源上（如安装在机械转动部分外面的防护罩），也可以设置在人员与能源之间（如安全围栏）。人员佩戴的个体防护用品，可被看作设置在人员身上的屏蔽设施。

（6）在时间或空间上把能量与人隔离。在生产过程中也有两种或两种以上的能量相互作用引起事故的情况。例如，一台吊车移动的机械能作用于化工装置，化工装置破裂而使有毒物质泄漏，引起人员中毒。针对两种能量相互作用的情况，可考虑设置两组屏蔽设施：一组设置于两种能量之间，以防止能量间的相互作用；另一组设置于能量与人之间，以防止能量达及人体。

（7）信息形式的屏蔽。各种警告措施等信息形式的屏蔽，可以阻止人员的不安全行为或避免发生行为失误，防止人员接触能量。

根据可能发生的意外释放的能量的大小，可以设置单一屏蔽或多重屏蔽，并且应该尽早设置屏蔽，做到防患于未然。

从能量的观点出发，按能量与被害者之间的关系，可以把伤害事故分为三种类型。相应地，应采取不同的预防伤害措施。

（1）能量在规定的能量流通渠道中流动，人员意外地进入能量流通渠道而受到伤害。设置防护装置等屏蔽设施防止人员进入，可以避免此类事故。警告、劝阻等信息形式的屏蔽可以约束人的行为。

（2）在与人员无关的情况下，能量意外地从原来的渠道里逸脱出来，开辟新的流通渠道使人员受伤害。按事故发生时间与伤害发生时间之间的关系，又可分为两种情况：

①在事故发生的瞬间人员即受到伤害，甚至受害者尚不知道发生了什么就遭受了伤害。在这种情况下，人员没有时间采取措施避免伤害。为了防止伤害，必须全力以赴地控制能量，避免事故的发生。

②事故发生后，人员有时间躲避能量的作用，可以采取恰当的对策防止受到伤害。例如，在发生火灾、有毒有害物质泄漏事故的场合，远离事故现场的人们可以恰当地采取隔离、撤退或避难等行动，避免遭受伤害。这种情况下人员行为正确与否往往决定他们的安危。

（3）能量意外地越过原有的屏蔽而开辟新的流通渠道，同时人员误入新开通的能量渠道而受到伤害。这种情况在实际中较少发生。

2）事故因果连锁论

海因里希首先提出了事故因果连锁论[1]，用以阐明导致伤亡事故的各种原因及与事故间的关系。该理论认为，伤亡事故的发生不是一个孤立的事件，尽管

---

[1] 见“海因里希法则”或“海因里希事故法则”。

伤害可能在某瞬间突然发生，却是一系列事件相继发生的结果。

海因里希把工业伤害事故的发生、发展过程描述为具有一定因果关系的事件的连锁发生过程，即：

（1）人员伤亡的发生是事故的结果。

（2）事故的发生是由于：

①人的不安全行为。

②物的不安全状态。

（3）人的不安全行为或物的不安全状态是由于人的缺点造成的。

（4）人的缺点是由于不良环境诱发的，或者是由于先天的遗传因素造成的。

海因里希最初提出的事故因果连锁过程包括以下五个因素。

（1）遗传因素及社会环境。遗传因素及社会环境是造成人的性格上缺点的原因，遗传因素可能造成鲁莽、固执等不良性格；社会环境可能妨碍教育、助长性格上的缺点发展。

（2）人的缺点。人的缺点是使人产生不安全行为或造成机械、物质不安全状态的原因。它包括鲁莽、固执、过激、神经质、轻率等性格上的先天缺点以及缺乏安全生产知识和技能等后天缺点。

（3）人的不安全行为或物的不安全状态。所谓人的不安全行为或物的不安全状态是指那些曾经引起过事故，或可能引起事故的人的行为，或机械、物质的状态，它们是造成事故的直接原因。例如，在起重机的吊荷下停留、不发信号就启动机器、工作时间打闹或拆除安全防护装置等都属于人的不安全行为；没有防护的传动齿轮、裸露的带电体或照明不良等属于物的不安全状态。

（4）事故。事故是由于物体、物质、人或放射线的作用或反作用，使人员受到伤害或可能受到伤害的、意料之外的、失去控制的事件。坠落、物体打击等使人员受到伤害的事件是典型的事故。

（5）伤害。直接由于事故而产生的人身伤害。

人们用多米诺骨牌来形象地描述这种事故因果连锁关系，得到多米诺骨牌系列。在多米诺骨牌系列中，一颗骨牌被碰倒了，则将发生连锁反应，其余的几颗骨牌相继被碰倒。如果移去连锁中的一颗骨牌，则连锁被破坏，事故过程被中止。海因里希认为，企业安全工作的中心就是防止人的不安全行为，消除机械的或物质的不安全状态，中断事故连锁的进程，从而避免事故的发生（事故按因果类型可分为集中型、连锁型、复合型以及多层次型）。

几个原因各自独立，共同导致事故发生，即多种原因在同一时序共同造成一个事故后果的，称为集中型，见图 1-1。

由一个原因要素促成下一要素发生，因果连锁发

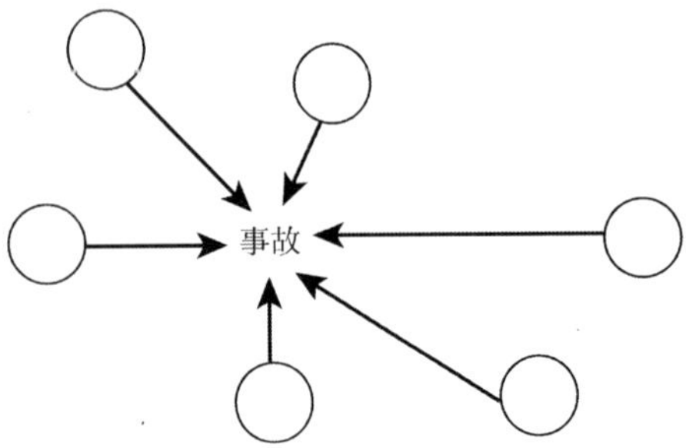

图 1-1　多因致果集中型

生的事故，称为连锁型，见图 1-2。

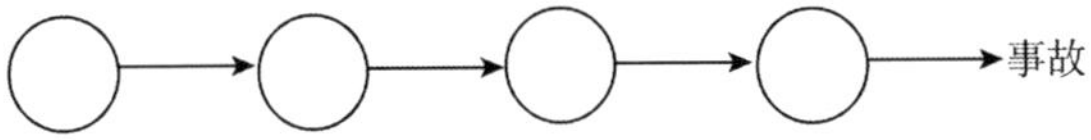

图 1-2　因果连锁型

某些因果连锁，又有一系列原因集中，复合组成事故结果，称为复合型。单纯的集中型或单纯的连锁型均较少，事故的发生多为复合型的，见图 1-3。

因果是继承性的，也是多层次的。一次原因是二次原因的结果，二次原因又是三次原因的结果，依此类推，见图 1-4。

多米诺骨牌模型是事故因果论的模式之一。它是应用多米诺骨牌原理来阐述事故因果理论。一种可防止的伤亡事故的发生，是一连串事件在一定顺序下发生的结果。按因果顺序，伤亡事故的五个因素为：社

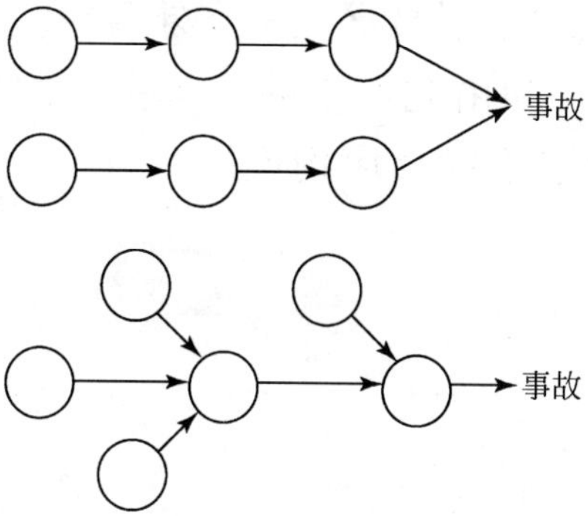

图 1-3 集中、连锁复合型

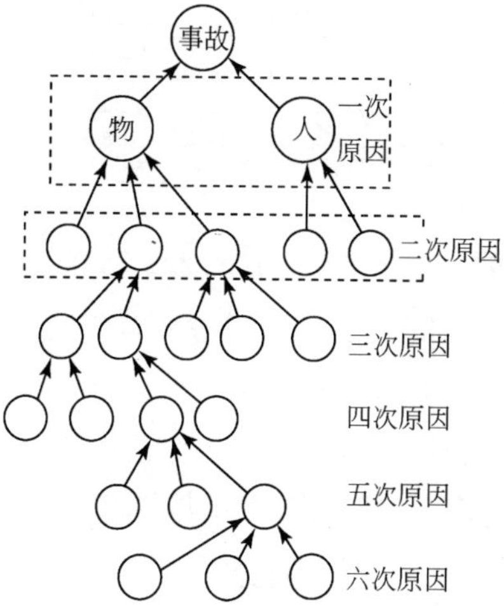

图 1-4 因果继承性示意图

会环境和管理欠缺（设为 A_1）促成人为的过失（设为 A_2）；人为的过失又造成了不安全动作或机械、物质危害（设为 A_3）；后者促成了意外事故（包括未遂事故，设为 A_4）和由此产生的人身伤亡的事件（设为 A_5）。五个因素连锁反应构成了事故（设为 A_0），见图1-5。

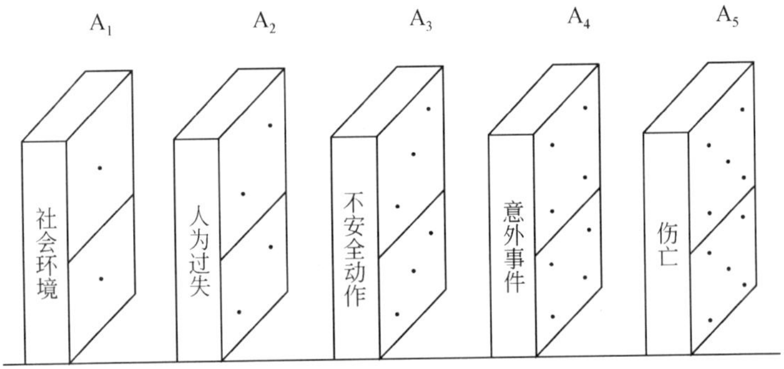

图1-5　伤亡事故的五个因素

伤害之所以产生是由于前面因素的作用。在意外事件及伤害发生前，一切工作应以减少环境内机械的危害及人为的不安全动作为原则。防止伤亡事故的着眼点应集中于顺序的中心，即设法消除事件 A_3，使系列中断，则伤害便不会发生（见图1-6）。

如果移去一枚骨牌，也就是使某一因素出现的概率为零，如 $P(A_3)=0$，则伤亡事故的概率 $P(A_0)=0$。这时随机事件变为不可能事件，就可避免伤亡事故的发生。由此可见，安全管理的中心应是防止人的失误造成的不安全动作或机械物质危害。

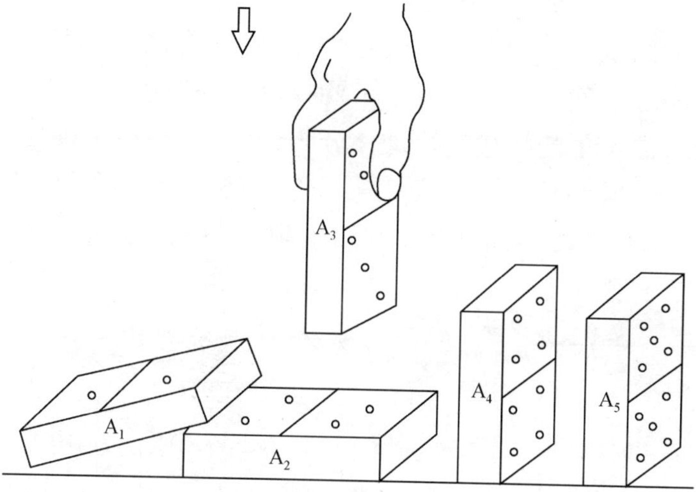

图 1-6 移去中央因素使系列中断，令前级因素失去作用

要防止事故，就应知道引起事故的本质原因。为防止同类事故再次发生，必须根据现场实际情况进行调查追踪。明确事故原因的追踪系统，对防止对事故原因作出错误的结论以及防止将预防措施引至错误的方向，都有着十分重要的意义。

伤亡事故原因追踪的基础，是社会科学、自然科学和对企业安全的管理科学。只有掌握这三方面的知识并通晓防灾原理，才能深入查明事故原因，防止事故再次发生。

伤亡事故原因追踪系统应是：深入调查研究→确认事实真相→从中发现新问题并使之系统化→探求本

质原因→采取预防措施→实施安全生产。

组织事故调查，止确把握事故真相，关键是对客观事实的确认。为此，一定要找出事故现场的目击者；对事故留下的痕迹进行理化分析；听取受害人的陈述；做好记录和拍照，以便用第一手材料提出新问题，探求本质原因，采取切实可行的预防措施，做到安全生产，见图1-7。

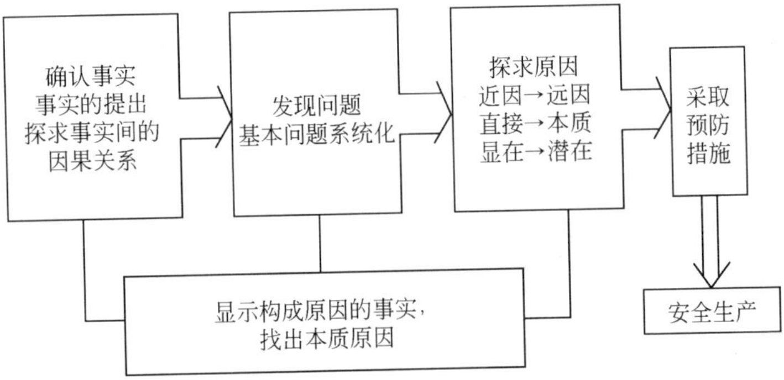

图1-7　按因果论追踪事故原因

博德（Frank Bird）在海因里希提出的多米诺骨牌模型的基础上，提出了反映现代安全观点的事故因果新论。

（1）控制不足——管理缺陷。事故因果连锁中一个最重要的因素是安全管理。安全管理人员的工作应以企业现代管理原则为基础，实施控制这一管理机能。安全管理中的控制是指损失控制，人的不安全行为和物的不安全状态的控制。它是安全管理工作的核心。发生事故的基本原因是控制不足，管理上存在缺陷。

（2）基本原因——起源论。所谓起源论，是指找出发生事故的本质的原因，而不仅停留在表面的现象上。找到事故起源，才能实现有效的控制。为了从根本上预防事故，必须查明事故的基本原因，并依此采取对策。基本原因包括个人原因、工作条件、工作方法、劳动环境以及管理上的原因。

（3）直接原因——征兆。不安全行为或不安全状态是事故的直接原因。直接原因只是深层原因的征兆，是基本原因的表面现象。安全管理应善于从属于直接原因的表面征兆去追究背后隐藏的深层原因，采取恰当的长期的控制对策。

（4）事故——接触。根据能量的观点，事故是人的身体或构筑物、设备与超过其阈值的能量的接触。为了防止这种接触的发生，可以改进装置、材料及设施防止能量释放，也可以通过安全教育和培训提高工人识别危险的能力。

（5）伤害—损坏—损失。博德的模型中的伤害，包括工伤、职业病以及对人员精神方面、神经方面或全身性的不利影响。人员伤害及财物损坏，统称为损失。可以采取有力措施使事故损失最大限度地减少。例如，对受伤人员的迅速抢救，扑灭爆炸、火灾，控制灾害不使之扩大，抢修设备，平时对人员加强应急训练等。

3）变化—失误成因论

该理论认为，事故的发生往往是多种原因造成的，包括着一系列的变化—失误连锁。失误主要有领导者失误、计划者失误和操作者失误等。变化也被看作一种潜在的事故因素，在安全管理工作中，应尽早发现并采取相应的措施予以改进。

作为企业的安全管理者，应该注意涉及企业安全生产方面的各种变化，特别是技术上的变化、人员的变化、工作环境的变化、生产原辅材料的变化、劳动组织的变化及操作规程的变化等。一旦这些方面发生了大的变化，安全生产管理工作就要采取相应的对策，防止因变化而引发安全生产事故。

4）轨迹交叉论

这种理论认为，人的不安全动作和机械或物质危害是人—机“两方共系”中能量逆流的两系列，其轨迹交叉点就会构成事故。人、物两系列轨迹相交的时间与地点（时空），就是发生伤亡事故的“时空”。轨迹交叉论提出，应研究如何避免人与物轨迹的交叉点来预防事故。例如，消除人为疏忽和设置安全装置，都可以避免两系统的轨迹相交，从而避免伤亡事故。

伤亡事故是许多相互联系的事件顺序发展的结果。当人的不安全行为和物的不安全状态在一定时间、空间发生了交叉（接触），能量转移于人体时，伤亡事故就会发生。轨迹交叉论作为一种事故致因理论，强调人的因素和物的因素在事故致因中占有同样重要的地位。按照该理论，可以通过避免人与物两种因素运动轨迹交叉来预防事故的发生。

四、安全生产管理的基本内容

1. 提高职工安全生产的思想认识

每个企业都要真正树立安全第一的思想意识，广大经营者要充分认识安全生产是自己责无旁贷的工作，要将安全生产放到重要的工作位置来安排。同时，要使全体职工充分认识到安全生产是自身的需要，变成自觉行为。企业要提高职工执行国家及地方安全生产法律、法规及标准的自觉性，并将其作为企业安全生产管理和作业的准则；提高对职工开展安全生产知识教育和提高职工安全生产技术素质的认识，只有职工普遍掌握安全知识，提高安全综合素质，才能在生产工作中更有效地防止各类事故的发生；提高设备本质安全，确保设备的安全可靠性，通过设备本质安全可靠性的提高，进一步实现安全生产。

2. 企业安全生产管理基本内容

（1）明确职责，建立企业安全生产责任制，并保证各项责任的落实。

(2) 建立和健全安全生产各项规章制度，根据企业的发展、生产的变化及时进行改进提高。

(3) 建立和健全安全生产管理机构，配备与工作相适应的管理人员。

(4) 实行安全生产目标管理，组织各类安全生产检查。

(5) 建立和健全安全生产教育培训制度，保证特殊工种的持证上岗。

(6) 建立事故隐患管理办法，执行安全生产技术措施项目管理制度。

(7) 认真执行安全生产设施与主体工程同时设计、同时施工、同时投产使用的“三同时”管理原则。

(8) 开展企业系统性的安全评价工作，全面正确地掌握生产经营单位生产活动中的危险源和危险因素。按各种危险源和危险因素的实际情况，采取有效的防范措施。

(9) 进行科学的工伤事故管理，对企业发生的各类事故，按国家的法规规定进行报告、处理、分析、登记和统计。

(10) 对女职工、未成年工进行特殊保护，执行企业职工的工时、休假管理制度，及时发放职工的劳动防护用品，并监督其正确使用。

(11) 建立和健全安全生产考核、奖励管理制度。

3. 企业安全生产管理制度

安全生产规章制度是长期以来实践经验的总结，也是无数事故教训的总结。实践证明，伤亡事故中80%以上的事故是由于违章指挥、违章操作和违反劳动纪律造成的。如果在安全生产方面无章可循，那必将导致事故的发生。

企业安全生产规章制度，是企业保障职工安全健康和财产安全的最基本的规定，也是企业自己的标准和规范。每个企业都必须根据各自的特点，制订规章，并进行认真贯彻执行。企业的安全生产规章制度，应根据国家法律法规进行制订。它是法律法规在企业的延伸，也是企业贯彻执行的具体体现。

1）企业应建立的安全生产规章制度

（1）综合管理方面。主要包括：安全生产总则、安全生产责任制、安全技术措施管理、安全教育、安全检查、安全考核奖惩、“三同时”审批、安全检修管理、事故隐患管理与监控、事故管理、用火管理、承包合同安全管理、安全值班管理等。

（2）安全技术方面。各岗位安全操作规程、特种作业管理、危险设备管理、危险场所管理、易燃易爆有毒有害物品管理、厂区交通运输安全管理、防火管理等制度。

（3）职业卫生方面。职业卫生健康管理、有毒有害物质监测、职业病、职业中毒管理等制度。

(4) 其他方面。女工、未成年工保护制度，劳动保护用品、保健食品管理制度等。

2) 企业在制订安全生产管理制度时应注意的问题

(1) 企业规章制度要与国家的安全生产法规标准协调一致，应有利于安全生产法规的贯彻落实。

(2) 要广泛吸收国内外安全生产管理先进经验，力求使之具有先进性、科学性、可行性。

(3) 要全面包括安全生产的各个方面，形成体系，不出现死角和漏洞。

(4) 各项制度一经制订不随意改动，保持相对稳定。但当生产发展和技术变化以及发现制度存在严重不足时，要及时进行修订完善。

企业负责人要带头执行各项规章制度，要教育职工人人了解、熟悉规章制度，最终保证人人自觉执行规章制度。

五、安全生产责任制

安全生产责任制度，是根据安全生产法建立的在劳动生产过程中生产经营单位、生产经营单位的各级负责人、职能部门、工程技术人员、岗位操作人员对安全生产层层负责的制度。安全生产责任制的内容主要有以下几方面。

（1）生产经营单位的主要负责人，如董事长或厂长或经理，是领导、指挥生产经营单位日常生产经营活动的决策人，也是生产经营单位安全生产的第一责任人，对生产经营单位的安全生产负全面责任。生产经营单位的各级领导和生产管理人员，在管理生产的同时，必须负责管理安全工作。在计划、布置、检查、总结、评比生产时，必须同时计划、布置、检查、总结、评比安全工作，即“五同时”制度。

（2）企业单位中的生产、技术、设计、供销、运输、财务等各有关专职机构和职能人员，必须在自己的业务工作范围内对实现安全生产负责。

（3）企业单位都应该根据实际情况加强劳动保护工作机构或专职人员的工作。劳动保护工作机构或专职人员的职责是：协助领导组织推动生产中的安全工作，贯彻执行劳动保护的法令、制度；汇总和审查安全技术措施计划，并且督促有关部门切实按期执行；组织和协助有关部门制订或修订安全生产制度和安全技术操作规程，并对这些制度、规程的贯彻执行进行监督检查；经常进行现场检查，协助解决问题，遇有特别紧急的不安全情况时，有权指令先停止生产，并且立即报告领导研究处理；总结和推广安全生产的先进经验；对职工进行安全生产的宣传教育；指导生产小组安全员工作；督促有关部门按规定及时分发和合理使用个人防护用品、保健食品和清凉饮料；参加审查新建、改建、大修工程的设计计划，并且参加工程验收和试运转工作；参加伤亡事故的调查和处理，进行伤亡事故的统计、分析和报告，协助有关部门提出防止事故的措施，并且督促他们按期实现；组织有关部门研究执行防止职业中毒和职业病的措施；督促有关部门做好员工休息和女工保护工作。

(4) 企业单位各生产小组都应该设不脱产的安全员。小组安全员在生产小组长的领导和劳动保护干部的指导下，首先应当在安全生产方面以身作则，起模范带头作用，并协助小组长做好下列工作：经常对本组工人进行安全生产教育；督促本组工人遵守安全操作规程和各种安全生产制度；正确地使用个人防护用品；检查和维护本组的安全设备；发现生产中有不安全情况时，及时报告；参加事故的分析和研究，协助领导实现防止事故的措施。

(5) 从业人员必须遵守以岗位责任制为主的安全生产操作规程、制度。从业人员应严格遵守安全生产法规、制度，不违章作业，并有权拒绝违章指挥，险情严重时有权停止作业，采取紧急防范措施。从业人员应积极参加安全生产的各种活动，主动提出改进安全工作的意见，爱护和正确使用机器设备、工具及个人防护用品。

安全生产责任制是根据我国“安全第一，预防为主”的安全生产方针和安全生产法规建立的。安全生产责任制是企业岗位责任制的一个组成部分，是企业中最基本的一项安全制度，也是企业安全生产、劳动保护管理制度的核心。安全生产责任制的建立对分清安全生产责任、改善劳动条件、减少工伤事故以及职业病的发生都有一定的作用。

许多生产经营单位和企业在实行安全生产责任制中，按照责、权、利相结合的原则，对安全工作采用目标管理的方法。生产经营单位和其主管部门制订安全生产目标管理计划，经主管部门审查意，由主管部门与企业签订责任书，将安全生产目标管理计划纳入各企业的目标管理计划，生产经营单位的主要负责人对安全生产目标管理计划的制订与实施负第一责任。

六、企业安全生产检查

1. 安全检查分类

安全检查是一项综合性的安全生产管理措施，是建立良好的安全生产环境、做好安全生产工作的重要手段之一，也是企业防止事故、减少职业病的有效方法。检查包括企业安全生产管理人员进行日常检查，企业领导进行巡视检查，操作人员对本岗位的设备、设施和工具进行经济性检查。各类人员经常深入作业现场进行安全检查，有利于及时掌握情况、发现问题，从而解决问题。

安全检查可以分为定期性、经常性、季节性、专业性、综合性和不定期的职工代表巡视安全检查。

（1）定期性检查。由生产经营单位或主管部门组织的定期全面的安全检查。检查周期一般为主管部门每年组织一次，生产经营单位每季或每月组织一次，车间每月或每周一次，班组、岗位按一定周期进行检查。定期检查面广、有深度才能及时发现并解决问题。

（2）经常性检查。由各级生产经营单位负责人或安全人员根据生产情况和各项安全生产规章制度的执行情况，进行的经常性检查。检查中要狠抓易发生和可能发生事故的主要因素，变事后处理为事前预防。

（3）季节性检查。由各级生产经营单位根据季节变化，按事故发生的规律对易发的潜在危险，突出重点进行季节性检查，如冬季防冻保温、防火、防煤气中毒；夏季防暑降温、防汛、防雷电等检查。这种检查可提前发现问题，及时整改，消除隐患，做到防患于未然。

（4）专业性检查。由各级生产经营部门组织，以各类专业技术人员为主，根据各专业特点而进行的专业安全检查（如锅炉、压力容器、防火、防爆、电气等专项检查）。此类检查具有较强的针对性和专业要求，用于检查难度较大的项目。通过检查，发现潜在问题，研究整改对策，及时消除隐患，进行技术改造。

（5）综合性检查。一般由主管部门或行业主管组织，对下属各生产经营单位进行的全面综合性检查。综合性检查能引起各职能部门的重视，整改措施能得到及时落实，必要时也可组织进行系统的安全性评价。

（6）不定期的职工代表巡视安全检查。由生产经营单位或车间工会负责人负责组织有专业技术特长的职工代表对安全管理差、事故常发的单位进行巡视安全检查。重点查单位领导对安全工作的重视程度，领导干部安全责任制的执行情况，从业人员安全生产权力的落实执行情况；查国家安全生产方针、法规的贯彻执行情况；查事故原因、隐患整改，并对责任者提出处理意见。此类检查可进一步强化各级领导安全生产责任制的落实。

2. 安全检查的内容

从面向被检查的对象来说，安全检查的内容，主要是查现场、查隐患、查思想、查管理、查制度、查事故处理。

（1）查现场、查隐患。安全生产检查的内容，主要以查现场、查隐患为主，深入生产现场，检查生产经营单位的劳动条件、生产设备以及相应的安全卫生设施是否符合安全要求。例如，有无安全出口，安全出口是否通畅；机器防护装置情况，电气安全设施，如安全搭铁、避雷设备、防爆性能；车间或坑内通风照明情况；防止粉尘危害的综合措施情况；预防有毒有害气体或蒸汽的危害的防护措施情况；锅炉、受压容器和气瓶的安全运转情况；变电所、火药库、易燃易爆物质及剧毒物质的储存、运输和使用情况；个体防护用品的使用及标准是否符合有关安全卫生的规定等。

（2）查思想。在努力发现不安全因素的同时，应注意检查生产经营单位领导的思想，检查他们对安全生产工作重要性的认识以及他们是否把从业人员的安全健康放在了第一位，特别是对各项安全生产法规以及安全生产方针的贯彻执行情况，更应严格检查。查思想主要是对照党和国家有关安全生产的方针、政策及有关文件，检查生产经营单位领导和员工群众对事故预防工作的认识，如干部是否真正做到了关心从业人员的安全；现场领导有无违章指挥；员工群众是否人人关心安全生产，在生产中是否有不安全行为和不安全操作；国家的安全生产方针和有关政策、法令是否真正得到贯彻执行等。

（3）查管理、查制度。安全生产检查也是对生产经营单位安全管理上的大检查。检查生产经营单位领导是否把安全生产工作摆上议事日程；“五同时”的要求是否得到落实；生产经营单位各职能部门在各自业务范围内是否对安全生产负责；安全专职机构是否健全；员工群众是否参与安全生产的管理活动；改善劳动条件的安全技术措施计划是否按年度编制和执行；安全经费投入是否到位；“三同时”的要求是否得到落实等。此外，还要检查生产经营单位的安全教育制度，如新从业人员入厂的“三级教育”制度，特种作业人员和调换工种从业人员的培训教育制度以及各工种操作规程和岗位责任制等。

（4）查事故处理。检查生产经营单位对工伤事故是否及时报告、认真调查、严肃处理。在检查中，发现未按“四不放过”的要求草率处理的事故，要重新处理，从中找出原因，采取有效措施，防止类似事故重复发生。

在开展安全检查工作中，各生产经营单位可根据各自的情况和季节特点，做到每次检查的内容有所侧重，突出重点，真正收到较好的效果。

由于各生产经营单位的生产性质和特点的不同以及检查的目的、要求的不同，安全检查的具体内容差别较大，应根据生产经营单位的实际情况来制订。

3. 安全检查表

1）安全检查表的类型

（1）设计用安全检查表，主要供设计、工艺人员从事设计工作进行系统安全分析时使用。其具体内容应依系统安全分析的对象而定，如用于新建工程设计的安全检查表，其主要内容应包括项目选址和总图设计、工艺流程的安全性、机械设备的安全性、物料储存与运输的安全性、安全设施与装置、消防设施与器材、防尘防毒措施和安全组织与管理等。这类安全检查表也可以作为本质安全审查的依据。

(2) 厂级安全检查表，供全厂性安全检查时使用。其主要内容包括各重点危险部位，主要安全装置与设施的灵敏性、可靠性，危险物品的存储、使用及操作管理等。

(3) 车间安全检查表，供车间进行定期安全检查或预防性检查时使用。其主要内容包括工艺安全、产品原料及产成品的合理存放、通风照明、噪声振动、安全装置、消防设施、安全标志及操作安全等。

(4) 班组及岗位安全检查表，主要用于日常检查和安全教育。其内容应根据岗位的工艺与设备的防灾控制要点确定，要求内容具体、易行且具有针对性。

(5) 专业安全检查表，主要用于专业性的安全检查和分析，如特种设备的安全检验，危险场所、危险作业的危险性分析等。其内容应突出专业特点，如对特种设备检验的安全检查表，其主要内容应包括设备结构的安全特性、设备安装的安全要求、安全运行的参数限额、安全附件报警装置的齐全可靠、安全操作的主要要求及特种作业人员的安全技术考核等。

2) 安全检查表的制订

(1) 对危险、有害因素进行调查分析，确定检查项目和内容。由本单位工程技术人员、生产管理人员、工人和安技人员共同总结生产操作的经验，分析工艺过程和设备特点，从中查明可能导致事故和职业危害的各种潜在危险因素和环节条件。要特别重视总结工人的实际经验，因为它们可以作为科学分析的基础和补充，具有非常重要的作用。例如，可以组织工人开展事故预测活动，就可能发生的事故、触发事件、事故原因、事故后果、影响范围、预防对策措施等进行深入的讨论和总结。这样做不但可为制订安全检查表奠定基础，也可使工人群众从中受到深刻的安全教育，增长预防事故的知识和本领。

（2）确定检查标准和要求。确定的依据就是国家的各项安全生产法规和标准以及企业自身制订的安全生产规章制度、技术要求参数、安全操作规程等。

（3）确定检查时间。要根据检查的范围和对象的具体情况确定检查间隔的时间，如月、日、班、时等。

（4）做出检查表。检查表的每项内容、标准、要求都应力求简洁明了，以便于识别判断和填写检查结果，如可以用是否、有无等提问式的语句，对设备的检查表可直接写明其工作参数的允许范围等。

制订安全检查表要在安技部门的指导下，充分依靠职工来进行。初步制订出来的检查表，要经过群众的讨论，反复试行，再加以修订，最后由安技部门审定后方可正式实行。

4. 安全检查的方法

1）做好检查前的准备工作

（1）组建安全检查组。检查规模较大的，如国家、省市组织的大检查，可在中央有关部门或省、市相关部门的统一领导下，由安全监察等部门组成检查组，开展检查。企业内安全检查，一般在企业领导、安全技术部门等领导下，组织技术人员、安全员等相关人员，组成检查小组，开展工作。

（2）思想和物质准备。安全生产检查，特别是安全生产大检查，涉及面广、参与人多。组织相关人员提高思想认识，统一思想是搞好检查的重要方面。

（3）明确检查目的和要求。安全生产检查的总目的和总要求是：相互学习，交流经验，发现问题，解决问题，预防工伤事故和职业病，促进安全生产。

2）自查与互查相结合

自查是指一个市、一个行业、一个企业自己组织，在其内部发动群众自行检查。互查是指上级领导组织市与市之间、行业与行业之间、企业与企业之间及企业内部各车间之间开展的互相检查。

3）坚持边查边改，认真落实整改

检查只是一种手段，而非目的。查而不改，检查便流于形式，达不到检查的目的。只有坚持边查边改，认真落实整改措施，并开展监督检查，才能使安全检查的最终目的得以实现。

第三节 安全生产法规与制度建设

一、安全生产立法意义及执法基本原则

1. 安全生产立法意义

（1）有利于全面加强我国安全生产法律法规体系建设。

（2）有利于各级政府加强对安全生产工作的领导。

（3）有利于部门依法行政。

（4）有利于依法规范企业的安全生产工作。

（5）有利于提高从业人员的安全素质。

（6）有利于增强全民的安全法律意识。

（7）有利于保障人民群众生命和财产安全。

（8）有利于制裁安全生产违法行为。

2. 执法的基本原则

（1）有法必依、执法必严、违法必究的原则。

（2）依法、公正、公开的原则。

（3）惩戒和教育相结合的原则。

（4）联合执法的原则。

（5）依据事实、尊重科学的原则。

二、安全生产立法的必要性

（1）安全生产立法是健全我国安全生产法律体系的需要。

（2）安全生产立法是依法规范安全生产的需要。

（3）安全生产立法是依法加强监督管理、部门依法行政的需要。

（4）安全生产立法是依法制裁安全生产违法行为、保护人民群众生命和财产安全的需要。

三、我国安全生产法律体系的分类及基本框架

1. 宪法

《中华人民共和国宪法》是安全生产法律体系框架的最高层级。“加强劳动保护，改善劳动条件”是有关安全生产方面最高法律效力的规定。

2. 安全生产方面的法律

1）基础法

如《中华人民共和国安全生产法》。

2）专门法律

如《中华人民共和国矿山安全法》、《中华人民共和国消防法》、《中华人民共和国道路交通安全法》

等，分别是规范某一领域安全生产法律制度的法律。

3）相关法律

如《中华人民共和国劳动法》、《中华人民共和国建筑法》、《中华人民共和国煤炭法》、《中华人民共和国工会法》、《中华人民共和国标准法》等，是指安全生产专门法律以外的其他法律中涵盖有安全产内容的法律。

3. 安全生产行政法规

如《国务院关于特大安全事故行政责任追究的规定》和《煤矿安全监察条例》等。它们是由国务院组织制定并批准公布的，是为实现安全生产法律或规范安全生产监督管理制度而制定并颁布的一系列具体规定。

4. 地方性安全生产法规

地方性安全生产法规是指由有立法权的地方立法机关——人民代表大会及其常务委员会和地方政府制定的安全生产规范性文件，是由法律授权制定的，是对国家安全生产法律、法规的补充和完善。

5. 部门安全生产规章、地方政府安全生产规章

根据《立法法》的有关规定，部门规章之间、部门规章与地方政府规章之间具有同等效力，在各自的

权限范围内施行。

6. 安全生产标准

安全生产标准是安全生产法规体系中的一个重要组成部分，也是安全生产管理的基础和监督执行工作的重要技术依据。

7. 国际劳动安全公约

当我国安全生产法律与国际公约有不同时，应优先采用国际公约的规定（保留条件的条款除外）。

第二章　机动车驾驶培训安全基础知识

对于机动车驾驶培训机构（以下简称驾培机构）来说，教学安全就是企业的效益，做好教学安全管理工作是驾培机构的重中之重。教学安全涉及教练员的安全管理、教练员的素质培养、教练员的安全意识强化以及交通安全知识的掌握等几方面。

第一节　教练员的安全管理

教练员是驾培机构安全的首要当事人和责任人，做好教练员的安全管理是驾培机构的首要任务。教练员的安全管理，主要体现在以下几个方面。

一、把好“准入关”，严格教练员的准入

驾培机构负责人和人事管理部门须杜绝人情观、面子观，谨防准入标准的降低，否则，低标准的准入将会给教学安全带来隐患。

录用教练员须满足相应的条件，并进行必要的考察。

1. 教练员录用条件

(1) 应具有相应车型的驾驶操作教练员证;
(2) 具备教练员施教的基本理论知识和施教能力;
(3) 有较好的身体健康状况和心理素质。

2. 建立教练员录用的考察制度

驾培机构完全有必要对已取得教练员证的驾驶员进行录用前的考察。考察的内容主要是:安全驾驶经历。尽管在申请教练员考试时,公安交通管理部门出具了安全驾驶证明,但此证明只能提供5年内无重大交通责任事故记录,而其他中小事故违章扣分等情况并未得到反映。显然,这样的证明是不全面的。为此,有必要向公安交通管理部门索取比较详细的安全信息。此外,还应走访其原工作单位或驾驶协会,了解其安全驾驶情况。

3. 做好面试工作,了解其安全知识水平

面试时可以让对方自我介绍驾驶经历,向对方提一些教练员必须掌握的安全行车和职业道德等基本问题,以掌握其安全资历信息、职业道德认知水平等情况,初步了解其个性及心理情况,为录用后的安全管理打下基础。

4. 试驾和试岗

必要时，还可通过试驾和试岗的方式，以便更加全面地了解对方的驾驶技能水平和实际教学能力。由于申报操作教练员从业资格考试的报考条件只能对报考者取得驾驶证时间的长短和是否发生过重大交通事故有约束，很难避免驾龄长而实际驾驶经历几乎为零的“本本族”也参加考试并取得教练员证。这些持有教练证的“本本族”往往文化素质尚可而实际驾驶技能几乎都停留在“新手上路”阶段，不具备顺利完成教学所必需的丰富的实际驾驶经验，很难确保教学质量和教学安全。为此，在正式录用前，必要时可以先让对方试驾和试岗。

二、建立教练员安全档案

教练员安全档案的内容主要是：

（1）教练员教学过程的安全情况记录，在教学或个人驾驶过程中发生的交通事故情况、事故责任、事故损失等。

（2）教学安全检查记录，如教学脱岗、证件检查、车辆安全设施检查等。

（3）安全学习情况记录，参加安全学习和各种安全会议的记录。

（4）教练员所签订的年度安全目标责任书及其履

行情况。

（5）记录教练员参加安全知识考试、竞赛情况等。

第二节　教练员素质与安全教学的关系

教练员的素质主要包括教练员的身体素质、心理素质、技术水平、职业道德和文化修养等几方面。

一、教练员身体素质对教学安全的影响

机动车驾驶教学是一项连续、动态、高风险的工作，这种工作特点决定了教练员在教学过程中必须做到全神贯注，高度集中注意力，始终保持饱满的精神状态。这就要求教练员必须具有健康的身体条件和心理素质。良好的身体素质和心理素质有助于提高施教的反应能力和应急操作的灵敏性，确保教练员在道路交通状态下具有敏锐的观察力、判断力和反应能力。不会因心理上的压力增大而出现异常的“紧张”，从而从容不迫地应付行车中各种异常情况，确保教学安全。

1. 威胁教练员健康的主要因素

1）停车等待

美国心理学家诺瓦科在加利福尼亚的公路上经过

15 年的研究发现，如果路上车辆太多，需要不断地停车、减速和等候的话，会造成驾驶员血压升高或心情烦躁，驾驶员如果长期承受这种压力，不但会影响其性格，还会使他们表现出心跳加速、精神紧张、肌肉疼痛、忍耐力减弱等症状。教练员在教练场施教时，经常会遇到众多教练车等候现象，比如在训练绕越障碍物或侧方停车位时，多辆车都在等待，甚至一辆车多次重复训练，造成等候时间增加。这些都很容易导致教练员出现心情烦躁、心跳加快等现象。为此，驾培机构要合理设置训练设施数量，根据实际需要适当增设侧方停车等容易造成等候的设施，尽量避免等候现象。

2）噪声

教练员的听觉在一定条件下也会出现下降。比如，长时间的施教，注意力高度集中，体力消耗过大，外界噪声（如喇叭声、制动声、喧嚷声等）刺激，车辆本身有些部位松动发出刺耳的颤抖声音过多等，都将导致教练员体力消耗过大、听觉器官疲劳，使其听觉能力下降。为此，教练员一旦感觉疲劳，就要适时休息，以保护自己的听觉器官；同时，要定期检查身体，使听力保持在两耳各为音叉测距 50cm，并能辨别方向，若检查结果低于这个数值，就不适合继续进行教学。对此，驾培机构要合理安排教学时段，避免教练员持续施教时间过长，并提醒教练员在施教过程注意劳逸结合。

3）污染

车内空调装置使驾驶员在享受舒适环境的同时，又不可避免地呼吸浑浊不堪的空气。这普遍地危害着经常开启车用空调的驾驶员。例如，有些人乘坐拖拉机、载货汽车，任其振荡颠簸也安然无事，反而坐进平稳舒适的小轿车里就会感到头晕、呕吐，其实，这种反应与车内空气污染不无关系。

要消除这种浑浊气味不难做到，只要在行车中每隔一段时间把车窗开启几分钟，让新鲜空气流通一下即可。

4）汽油

为了净化汽车尾气、减少大气污染、无铅汽油正逐步取代有铅汽油。目前使用的无铅汽油中常用芳烃、烯烃、含氧化合物以及异构烷烃替代四乙基铅，这些成分中含有芳香烃类物质，如苯。苯是一种致癌物质，它与急性髓细胞白血病有一定的关系。有些教练员在长时间接触它后，会出现头疼、眩晕、恶心等症状，造成教练员判断力和反应能力下降。有的无铅汽油中含有羰基锰，以增加汽油的辛烷值，但锰亦为“亲神经性毒物”，所以无铅汽油并不等于无害汽油。

5）尾气

由于教练员的工作要长期和汽车打交道，尤其是在场内训练时，由于车辆低速行驶，尾气散发不良，教练员就不可避免地接触到汽车尾气。据统计，机动车辆所排出的尾气中可提取出上千种有害物质，如苯并芘、乙苯胺、二甲基亚硝胺和铅等强致癌化合物，在这些有害物质中尤以铅的含量多、危害大。在机动车辆尾气中72%的成分为铅的雾化颗粒。当教练员吸入这些被汽车尾气污染了的空气后，致使有害物质进入人体血液，随着血液到达全身器官，储存于组织细胞中，对细胞产生毒副作用，使人体细胞受到损伤，细胞免疫及体液免疫水平降低，使人体对疾病的抵抗能力和抗肿瘤免疫功能明显下降，更为重要的是这些有害物质易于被人体吸收而不易于排出，会持续地危害教练员的健康。

6）安全带

安全带损伤的主要原因源于当汽车突然制动或变速时，由于安全带的束缚使驾乘人员的体位相对固定，在惯性力的作用下，驾乘人员的头颈部则处于过伸状态，由此会对颈椎产生一种剪切冲击力。因为培训学员在训练时，车辆速度变化大，起步停车多，紧急制动也多，教练员因体位长期相对固定，而会引起颈肩及腰背部的肌肉、韧带慢性疲劳性损伤。其损伤早期可表现为颈椎不稳的症状，如颈、肩、手臂和背部的麻木、酸胀、疼痛等。此种损伤也可见于胸腰段，表现为腰酸背痛。因椎动脉及颈段脊神经根所受到的牵拉刺激，严重者可出现头晕、头痛、耳鸣、视力模糊等症状，甚至发生椎体的楔形压缩性骨折。

为防止上述情况的发生，首先应避免在非高速路段高速行车，同时起步及停车时应平缓变速，以减轻制动及变速时对脊椎产生的剪切冲击力。另外，还应在工作之余坚持进行颈肩及腰背部的功能锻炼，如做颈椎操、广播体操等，以减轻肌肉、韧带的慢性疲劳性损伤。一旦发现有上述症状，应当及时去医院就诊，避免长时间驾车。

7）高速行车

据资料显示，高速行车除了会增加车祸的发生概率外，还会对人的身心健康产生一系列影响，这种影响称为“高速行车综合症”。教练车在综合训练阶段一般车速较快，同时学员驾驶能力有限，对复杂交通情况的处理、尤其是突发事件的处理能力较差。在车辆高速行驶的情况下，教练员的注意力高度集中、精神高度紧张，大脑皮层处于高度兴奋状态，肾上腺素类物质分泌增多，促使心跳加快。如教练员驾驶的车辆速度超过 80km/h，其心率会增至 100 ~ 110 次/min；车辆行驶速度 120km/h 以上时（当然教练车在训练时不可能有 100km/h 以上的速度），其心率会超过 110 次/min。长时间的高速行车，会因心肌疲劳而影响心血管功能，还容易诱发冠心病，所以应减少高速行驶。这样既可保障安全，又有利于身体的健康。

2. 疲劳对教练员安全教学的影响

1）疲劳的外表征兆

教练员长时间保持比较固定的姿势坐在驾驶室操纵车辆，活动受到一定范围的限制，又由于长时间精力集中判断车外各种信息情况和学员操作情况，精神状态处于高度紧张中，从而出现疲劳。在疲劳状态下，教练也是教练车发生交通事故的一个重要因素。疲劳的外表征兆：

（1）轻度疲劳：经常打呵欠，眼皮沉重，指导不及时、不准确。

（2）中度疲劳：眼睛痛，口干舌燥，全身发热，教学过程中易走神。

（3）重度疲劳：出现瞬间意识模糊，头不由自主地往下耷拉，心跳加快，浑身发颤，出冷汗。

2）疲劳形成的原因

（1）睡眠质量：睡眠不足，睡眠质量不高，睡眠环境差等。

（2）生活环境：家务事多，夫妻不和睦，精神负担重等。

（3）车内环境：温度过高或过低，噪声过大，座椅不合适，振动剧烈等。

（4）车外环境：路面状况差，交通环境复杂，气候条件不良等。

（5）运行条件：长时间、长距离行车，车速过快或过慢，过于限制到达时间。

（6）身体条件：体力、耐久力差，视听能力下降，患有某种慢性病等。

（7）学员技能：技术水平低，操作生疏，驾驶经验少，安全意识差，突发事件处理不力等。

3）疲劳对驾驶教练员的影响

教练员应当注意休息，严禁疲劳教练。一般情况下，连续教练超过2h，至少停车休息20min，一天内累计教学时间不得超过8h。每天连续睡眠时间不得少于6h。否则，容易出现“过度疲劳”，导致教练员在教练过程中困倦、打瞌睡，四肢无力，判断力下降，不能及时发现和正确处理路面交通情况，极易发生教学事故。

二、教练员心理素质对教学安全的影响

具有良好的心理素质是对教练员的基本要求。教练员在教学过程中，其生理系统的每个“结构成分”都要处于最佳状态，以确保教学安全。疲劳、疾病、反应迟钝、性情急躁、缺乏自控能力、健忘、惰性、无主见、意志薄弱、优柔寡断等，都是心理素质不健全的表现，极易发生教学事故。教练员的心理素质的好坏与能否确保安全教学的关系极大。

1. 教练员的性格与安全行车

性格是个性中较稳定的、起核心作用的心理特征。教练员的性格与安全行车关系密切。长期做到安全教学的优秀教练员大多数具有热爱教练工作、关心学员、责任感强、法纪观念强、虚心好学、情绪稳定的特点。相反，性格不随和、师生关系不和谐、情绪不稳定、易冲动、心胸狭窄、过度紧张的教练员，则发生教学事故较多。因此，要求教练员心态要平和、有耐心，能经常换位思考，经常保持愉快心理，以保证安全教学。

2. 教练员的心境与教学行车

心境是一种微弱而持久的情感状态。它往往在一段时间内影响人的言论和情绪，使人的一切体验和行动都感染上某种色彩。心境对人的行为有很大影响。愉快的、安静的心境，使人心情振奋；忧愁的、愤怒的心境，使人萎靡不振，陷于颓唐。教练员心境不佳时，思想不集中，反应迟钝，容易出事故。影响心境的根本原因是个人的意愿或欲望是否得到满足。因此，教练员要保持个人心境的愉快状态，应该使自己意愿或欲望合理、现实些。同时，教练员应学会正确评价和控制自己的心境，做到不因遇到一点不顺心的事而懊恼不已，也不因得到一点满足就忘乎所以。不论是遇到学员交通情况处理不好、技能掌握进步慢或出现危险情况处理不当的情况，还是遇到全车学员都顺利通过考试或学员出现突破性进步的情况，都要使自己保持稳定、舒畅的心境。

3. 教练员的情感与安全行车

情感是人对客观事物与现象的态度的体验。人们对客观事物与现象常常抱有不同的态度，因而产生愉快、赞叹、忧愁、激愤、恐惧等不同的形态体验。产生欢喜、愉快、满意等情感时，会使人感到舒适的惬意，这对驾驶员观察和判断有着积极的促进作用，也就是我们俗话说的“人逢喜事精神爽”。情感体验好，人的感受性提高，这时，教练员会仔细观察、勤于思考，同时，其反应能力也提高，动作会变得敏捷，这是一种增力情感。当产生忧愁、悲哀、愤怒、恐惧等情感时，会使人感到痛苦，影响感受，使教练员就懒于观察与思考，同时，其反应变慢，指导教学显得迟缓，这是一种减力情感。在这种情感下教学，容易发生事故。

一种情感会发生增力作用还是发生减力作用，还与一个人的思想修养有关，特别是在教学中，经常会遇到一些不愉快、不顺心的事，如遇堵车、路面差等情况，这时要控制住自己的情绪，不要“骂人”或者说过火的话；而有时遇到高兴的事，也不要忘乎所以。由此可见，教练员加强思想修养，学会控制自己的情感，保持良好稳定的情绪，对安全行车是非常重要的。

4. 教练员的判断与安全行车

教练员在感知外界突显的、微弱的、已现的、潜在的与行车安全有关的信息后，都要不失时机地通过分析和综合、推理和判断，迅速准确地做出决定，当机立断地采取措施。否则，由于判断失误，很容易造成车祸。判断失误的原因，不外乎感知材料不全面、不正确或存在一种让学员试试看的侥幸心理。因此，教练员在行车过程中，要善于细致观察，尽可能地捕捉所处交通环境内的各方面信息，全面地进行综合分析，然后做出正确判断。同时，要十分注意经验积累，切忌凭主观臆想和猜测做出决定。思维要敏捷迅速，灵活机智，只有这样，才能减少或避免交通事故的发生。

三、教练员技术素质对教学安全的影响

过硬的驾驶技术是教练员的基本功，是教学能力的重要组成部分，也是安全教学的重要条件。教练员的驾驶技术是在从事教练员职业前行车中形成的，教学能力则主要靠教学过程中学习和实践积累获得。技术和能力是两个不同的概念，但它们之间有着密切的联系。好比

一台卸载了所有程序软件的计算机，它什么也干不了，但你不能说它没有计算能力，一旦给它装上象征“技术”的程序软件，计算机的“能力”就能发挥了。能力的发挥需要技术的支持，各种不同的工作都有与之相适应的技术要求。对于教练员来说，所谓技术，就是指对汽车的安全驾驶能力和安全知识的掌握程度及安全意识的强弱。如果不具备驾驶技术，就无法担任教练员，也就谈不上教学能力，教练员的从业资格必须是在驾驶员职业的基础上才能获得。教练员在施教时要充分利用其掌握的驾驶技术才能完成教学任务，要用自己积累的驾驶经验去指导学员的学习。

教练员驾驶技术的高低与“安全教学”有什么关系呢？俗话说：“艺高人胆大。”驾驶技术的高低不仅体现在教学指导水平上，还与教练员的心理活动、生理条件有关。心理活动和生理条件的变化会影响教练员教学指导水平的发挥，同样驾驶技术的因素也会使教练员心理活动和生理条件发生变化。较高的驾驶操作水平能稳定教练员在教学中的心理状态，增强教练员在教学过程中的自信心。反过来，良好的心理状态和自信心又使得教学施教水平得以更好的发挥。如果教练员驾驶技术差，其现场指导能力就不高，时常会指导失误，对学员出现的错误操作不能及时发现，即使发现了但又无法提出纠正措施，这样其心理上就会受到较大的压力，自信心也会受到打击。特别是在遇到意外紧急情况时会手忙脚乱，出现了本不该出现的失误，该踩副制动踏板的时候却未踩，该转动转向盘时未转，从而酿成事故。

驾驶技术高超的教练员在各阶段的教学中，能根据不同的教学项目和不同的交通条件向学员传授不同的操作方法，如在泥泞湿滑路面、凹凸不平路面、冰冻路面、倾斜路面、碎石路面、上下坡道路等各种不同的道路情况下，以及在刮风、下雨、冰雹、迷雾、寒冷、炎热等天气情况下应该怎样驾驶车辆；在遇到各种参与交通行为的人，如老人、妇女、小孩、残疾人员时，应该怎样驾驶车辆，并确保安全。为便于学员记忆和掌握，优秀的教练员甚至把有些比较烦琐的操作过程通过口诀或以顺口溜的形式表达，在教学中对于学员出现的操作问题能及时发现，及时指导，提出纠正措施，使学员听得清楚，练得顺手，技能掌握就快。如果教练员不能及时指出学员出现的错误动作，使学员长期在错误状态下驾驶车辆或自己摸索驾驶操作方法，难免会发生这样或那样的危险，甚至发生交通事故。

每个教练员都要努力学习各种驾驶理论，完善自己的驾驶技术，从而有效地应用在教学指导过程中，确保教学安全。

四、教练员道德素质对教学安全的影响

一名优秀的驾驶教练员在十几年、甚至几十年的

教练生涯中从不出交通事故，保证了教学安全，其原因就在于其具有较高的驾驶职业道德，能严格遵守职业道德规范。教练员在日常的教学过程中，必须具备以下基本的职业道德素质。

1. 遵纪守法，安全行车

交通法规是用无数人的鲜血写成的，字里行间凝聚着血和泪的教训。谁不遵守它，谁就会被它碰得头破血流。自觉遵守交通法规是每个交通参与者、特别是机动车教练员应尽的义务。每个教练员都要树立遵章守纪光荣、违章肇事可耻的观念。教练员只有通过自身的言传身教，影响学员的驾驶行为，使学员能自觉遵守交通法规，才能做到安全教学。

2. 文明教学，礼貌待人

我国是一个具有五千年文明史的礼仪之邦。教练员作为传播社会主义精神文明的使者，更应该讲文明、讲礼貌。教练员从学员一进校那一刻起，就应想到如何确保教学过程中的安全，把安全意识传输给学员，让学员享受快乐学车的同时感受到和谐有序的交通，让学员体会到文明驾驶是学车安全的前提和基础。

（1）首先，教练员文明教学表现在遵章守纪上。要做到“十不”，即不闯红灯；不闯单、禁行线；不酒后教练；不违章超车；不超速行驶；不违章搭客；

不违章鸣号；不违章掉头；不乱停放车辆；不违章占道行车。

（2）其次，教练员文明教学表现在道德行为上。教练员常见的不良道德行为有：

①长距离超车未果，产生报复心理一旦超车过后，故意立即往右猛打转向盘或紧急制动，造成后车驾驶员恐慌，更恶劣的是在超车过程中故意逼挤被超越的车辆。

②在夜间教学中会车只图自己方便，不关闭远光灯。不顾其他车辆与行人的安全，始终不关闭远光灯，造成骑车人和行人眩目，是损人不利己的不道德行为。

③雨天时，遇行人或非机动车不减速避让，而是快速通过，泥水溅行人一身。遇雨、雪天气，道路上往往积水，泥水在高速车轮挤压下向两侧飞溅，使行人和骑车人被溅一身泥水。这种行为给学员带来的负面影响非常大，必须要摒弃。

3. 尊重学员，优质服务

认真施教，把学员作为自己的服务对象。对教练员来说，学员是上帝，要树立“一切为了学员”、“为了学员的一切”、“为了一切学员”的高度的服务意识。学员把时间、财力消耗在学习驾驶技术上，是消费者，是教练员的服务对象。方便学员学车，把高水平的技术教给学员，是我们每个教练驾驶员应尽的责任。因此，教练员要树立学员至上的美德，优质服务，具体表现在以下几个方面：

（1）规范收费，严格执行物价部门核定的标准，不以任何理由额外收费。

（2）廉洁执教，注重自身修养。

廉洁执教是教练员最起码的职业道德品质，也是维护教练员群体的良好形象的主要途径。由于种种主、客观因素的综合影响，从业清廉的职业道德品质不断受到各方面的冲击。面对各种腐败现象，教练员要防微杜渐，自觉抵制不正之风。教练员必须注意自身修养。首先是语言文明，力戒粗鲁。其次是举止端庄，仪表整洁大方。

4. 救死扶伤，弘扬正气

救死扶伤是我们中华民族的传统美德，也是每个公民应尽的义务。无论是行车途中遇到交通事故中的伤员，还是遇到路边挥手要求搭车抢救的伤病员，都应该立即停车，将伤病员送往就近的医院进行抢救治疗。

5. 互相尊重，公平竞争

互相尊重是教练员应该具备的职业道德修养，也是与同行建立正常关系的基础。互相尊重，就是以同行为友，互相学习，真诚对待，通力协作，取长补短，共同提高技术水平。

互相尊重不能停留在口头和文字上，要把这个原则贯彻到实际工作中去。这就要求教练员在教学活动中，不得在抬高和标榜自己的同时，故意贬损和诋毁其他教练员，更不得采取不正当手段损害与自己有竞争关系的教练员的名誉。在与同行的交谈中，应注意维护同行的名誉。

互相尊重，要求教练员之间在任何时候、任何场合都应谦虚谨慎，不能盛气凌人、自视高人一等。教练员之间要讲究礼貌、礼节，与人为善，加强团结协作。竞争是市场经济的必然产物，有市场经济就必然有竞争。随着我国社会主义市场经济的建立，驾驶培训的社会化，教练员之间的竞争会越来越激烈。教练员之间为了各自的利益必然会产生竞争。遵守诚信原则进行公平、平等的竞争是教练员的职业道德要求。

6. 努力学习，不断提高自己的教学能力

教练员之间的竞争有其正面价值，它既能推动驾培业的发展，又有助于教练员自身素质的提高。因为存在着竞争，面临着挑战，教练员必须努力提高自己的教学及相关业务水平，否则就会被市场经济的大潮所淘汰。而想搞好自己的业务就必须提高自己的素质，否则根本没有竞争能力，这也在客观上促进了教练员队伍素质的提高。

五、教练员文化素质对教学安全的影响

教练员在从事教学过程中，一方面根据平时积累的驾驶经验对学员进行言传身教，另一方面通过学习各方面的新技术、新知识，不断拓展自己的知识面，把自己学到的知识用到实际教学中。随着驾驶员培训事业的发展，驾驶员培训特点的变化，教练员只有不断更新知识，才能紧跟形势，使教学与实际相结合，符合教学规律。

第三节　教练员的安全意识

统计表明，道路交通事故的责任主要在于机动车驾驶员，因机动车驾驶员安全意识淡薄导致事故的比例较大。安全意识，是人们从各种安全宣传教育中所获取的安全知识和从各种事故中所得到的教训，两者融为一体，在人们脑海里形成的安全概念、想法和思路。其形式包括自我观察、自我评价、自我体验、自我监督、自我教育、自我支配和自我控制等，由此形成自学能动性的行为表现方式。这种行为表现方式就是安全意识的展现。

交通安全意识主要包括社会责任意识和守法意识。其中，社会责任意识是指角色意识，就是要知道自己这个岗位、这道工序、这个环节在国家政治生活中、

在全局中、在整个链条中所处的位置和作用，自学做好职权范围内的事。责任意识是一种精神状态，有了责任意识，就能集中精力，全身心投入，形成意志和品格；有了责任意识，就能凝聚人心，凝聚力量，创造出第一流的成绩。机动车驾驶教练员在这个特定的岗位中，要尽职尽责地完成社会赋予的历史使命。

一、安全意识是机动车驾驶教练员的灵魂

安全意识是确保安全教学的关键。教练员既要形成个人的成熟的社会责任意识，又要建立较强的安全意识：一是对自己的安全负责；二是对学员的安全和社会的公共安全负责；三是培养学员的社会责任意识和安全意识。对自己负责是让自己的安全意识、安全思想能够融入到学员当中去。对学员负责、对未来的道路交通参与者负责，是机动车驾驶教练员精神境界的具体表现，其主要表现在教练车的行驶安全、驾驶教学行为安全、安全意识的建立等方面上。

二、文明驾驶是教练员的基本素养

遵守交通法规，按交通信号、标志标线行驶，行人优先的道理几乎人人知道，可偏偏有的驾驶员满不在乎，明明看到红灯已经亮了或经过人行横道，依然风驰电掣，吓得路人心惊肉跳，常常不是撞了别人，就是伤了自己。更有甚者，开车撞伤人后竟又掉头回

来把人压死，此类例子不胜枚举。究其原因，一方面是社会大环境下的“公德滑坡”以及驾驶员的增多造成的；另一方面与教练员的“驾驶道德”规范要求低以及机动车驾驶教练员自身的“文明行为”不足有很大的关系。《机动车驾驶培训教学与考试大纲》要求驾驶员掌握安全文明驾驶知识。因此，机动车驾驶教练员除自身具备文明的驾驶作风外，应当通过适当的教学方法，将文明驾驶作风寓于教学科目之中。历史事实说明，文明是创造的结果，更是传播的结果。教练员的言传身教对学员的影响巨大而深远，“文明驾驶”的教学不可或缺，文明的教学过程是引导学员在将来恪守“文明驾驶”的源头，将使未来的机动车驾驶员终身受益。

三、遵章守法是教练员的生命线

《道路交通安全法》的主要任务就是保障道路交通安全、畅通、有序，是总结无数血的教训，运用科学的原理和方法制定的。法律法规是一种无形的东西，是否遵守，主要体现在人的自觉性上。这种自觉性的强弱决定了遵章守法意识的强弱。自觉的本身其实也是一种约束，不过这种约束不靠别人的监督和行政命令，而是靠本人的自我控制。当这种约束逐渐变为习惯，就成了自觉的意识行为。这种责任感就是把他人和自己的生命、财产安全时刻放在心上，督促自己遵章守法、安全行车。教练员本身作为一名驾驶员，其具有的“驾驶技能”不能单纯地认为只具有个体意义上的驾驶操作，而应当把自身和学员及社会公众融为一体，看作对社会和大众有影响的大众行为。这种大众行为的支持就是道路交通法律法规。可以说，驾驶技能是建立在道路交通法律法规之上的驾驶操作，没有道路交通法律法规作基础的驾驶操作都是极其危险的行为。《道路交通安全法》第二十二条规定——“机动车驾驶人应当遵守道路交通安全法律、法规的规定，按照操作规范安全驾驶、文明驾驶”中将“遵守道路交通安全法律、法规”放在“操作规范”之前，足以说明“遵守道路交通安全法律、法规”的重要性。机动车驾驶教练员要成为遵守道路交通安全法律、法规的传播者，首先应该是遵守道路交通安全法律、法规的执行者和熟练运用者。

第四节 道路交通安全科普知识

一、汽车辅助安全设施在使用上的认识误区

自从汽车进入千家万户，由于驾驶车辆所产生的各种交通安全隐患成为世人最为关注的一点。汽车专家认为现代汽车研发的焦点已不是汽车安全本身，而是希望能够研发智能或能“思考”的安全装置，它可

以更加主动地协助驾驶员减少交通事故的发生、减轻交通事故的危害。汽车毕竟是一部机器，是人在操控，盲目地依赖各种安全装置而非科学用车是不理性的，真正的安全是掌握在驾驶者自己手中。那么，目前我们的车辆上拥有哪些主动安全系统技术能帮助我们更好地远离驾驶危险呢？如何让汽车成为我们的朋友，而不是我们所说的“公害”呢？

现代汽车上已相继装置了制动防抱死装置（ABS）、安全气囊、驱动防滑装置（ASR）、电子稳定性控制系统（ESP）、安全带等安全附助系统，对预防交通事故、减少人身伤亡起着积极作用。但许多驾驶员和教练员对这些系统的特性缺乏正确的认识，存在一些误区。

1. 对安全气囊的认识误区

（1）撞击车尾，气囊未弹出。有些车主在车祸后认为，自己的车尾部严重受损，安全气囊都不打开。其实，安全气囊的打开是有严格的条件限制的，传感器安装在车子的正前方，因此车速必须在40km/h以上且正面撞击，触发了传感器，安全气囊才有可能打开见图2-1。

（2）有时当车祸发生在有大坑的路面时，也有可能触发传感器，导致安全气囊打开。

（3）有些车侧面装有安全气囊，但不等于侧面撞击的时候安全气囊就能够打开。因为传感器仍然是安

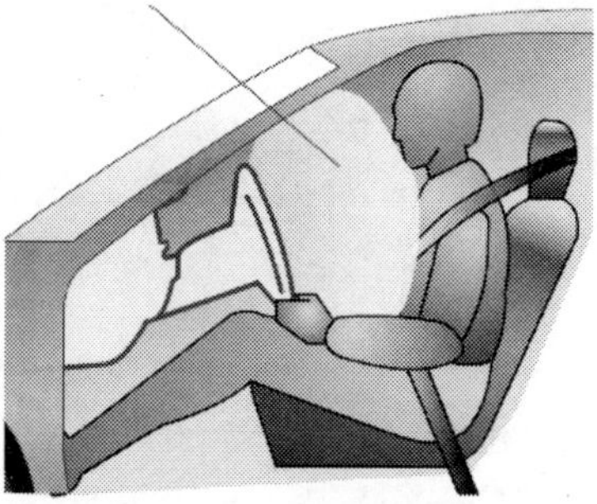

图 2-1　安全气囊

装在车子的正前方的，因此侧面气囊也只有在正面撞击的时候才会打开。

许多车主在发生车祸以后，只要气囊没有打开，就认为是气囊的质量问题。其实在绝大多数情况下气囊没有打开都是因为撞击的时候没有触发传感器，或者没有满足气囊打开的条件。在有些情况下，气囊打开会比没有打开更加危险。

安全气囊不比空调、音响等车载装置，它的作用是有条件限制的（如必须系安全带），并且只在某一范围内适用。若不了解安全气囊的工作条件和范围，而一味地认为有了气囊就万事无忧了，最终安全气囊可能非但不会起到安全的作用，而且还会给驾乘人员造成其他意外伤害。

作用条件：在安全气囊的设计中，传感器只有在满足了一定的条件下才会引爆气囊，撞击必须发生在正前方，但是如果遇到侧撞或追尾，驾驶员位置的安全气囊则不会爆开。因此，汽车安全气囊只有满足一定条件下才会打开，正面安全气囊只有车辆在一定角度内发生高速正面碰撞时才会起作用。汽车安全气囊虽是昂贵的高科技产品，但在汽车被动安全装置中，它起的作用却远不如人们想象的那么大，尤其是它并不是像我们想象的那样，一遇到事故就会打开，一打开就能保证驾乘者生命安全。

2. 对 ABS 防抱死系统的认识误区

由于很多人对 ABS 缺少正确认识，所以难免会产生一些错误观念，直到酿成祸事也不知道原因究竟何在。

1）案例

2009 年 5 月 7 日，在杭州文二西路发生的一宗三菱车飙车撞死一名行人的事故当中，三菱车的车速问题一直无法判定。事故现场，在车辆 ABS 作用下，肇事车辆所留下的制动痕迹并不明显，更不足以成为交警判断肇事车辆车速的依据，因此三菱车的车速问题一直悬而未解。

说明：以往警察在判定交通违章或事故时，可以根据路面留下明显的制动痕迹，鉴定车速。然而 ABS 的存在，使得这个问题成为难点。在德国，也曾有过警察怀疑肇事车超速的案例，但由于车上安装有 ABS 的缘故，路面没有制动痕迹，所以警察无法对肇事者进行定罪。

2）认识误区

误区一：有了 ABS，驾车就可以随心所欲。

说明：这是明显夸大了 ABS 的作用。譬如，在车速过高和转弯过急的情况下，若车辆制动得过急过猛，汽车仍然会产生一定程度的侧滑，这是 ABS 所不能控制的。因此，驾驶员不能完全依赖 ABS，必须通过自己的主观能动性谨慎操作来实现安全驾驶。

误区二：有了 ABS，制动距离就能大大缩短。

说明：这种错误认识是由于不了解 ABS 的工作原理导致的。ABS 可以兼顾车辆行驶中的最大的纵向制动力和横向抓地力，有效地保证车辆不会发生失控状况，但不是所有配置了 ABS 的车辆都会缩短制动距离，如冰雪、泥泞、潮湿路面上的制动距离比车轮抱死时短一些，但在一般路面上的制动距离反而更长。

3）使用注意事项

像汽车上其他零部件一样，ABS 也有不同的类型和形式。

（1）在制动中感到制动踏板传到脚掌上的“脉动”（连续的反作用力）时千万不要紧张，这是 ABS 发生作用的表现。此时要保持住制动的蹬踏力，直至车辆停下来。

（2）一般说来，在制动力缓缓施加的情况下，ABS多不发挥作用，只有在制动力猛然增加使车轮转速骤减的时候ABS才生效。所以，在驾驶装有ABS的车时，制动踏板应相对踩深一些，特别是在湿滑路面上的制动。

（3）不要“点刹”。驾驶装有ABS和没装ABS的汽车，制动最大的不同点就在于“刹死”与“不刹死”。没有ABS制动时，常采用“连续点刹”防止汽车失控；而有ABS的制动必须“一脚踩到底，坚决不放松”，保证车态和转向能力。

（4）制动时注意手脚并用是驾驶装有ABS的另一个驾驶技术。在制动的同时打转向盘躲避障碍是ABS主要的功能之一，因此在制动距离较短，无法避免碰撞时，迅速制动转向是避免事故的最佳选择。

（5）特殊情况下也可关闭ABS。许多车内都有ABS开关钮，在越野时，尤其是在沙丘地带或陡坡越野时，关掉ABS可以获得更精确的制动脚感。

（6）如果使用机械式ABS，一定要注意在不同的路面上可能会有不同的制动防抱死效果，必要时应根据情况调整制动方式。

3. 对电子稳定控制系统ESP的认识误区

“这车有ESP吗?”这个问题已成为越来越多中高级消费者购车时的关注焦点。德国的一项研究表明：

涉及严重人身伤害的车祸之中超过25%都是由汽车侧滑所引起的，而若车上装配有电子稳定控制系统ESP，情况就大为不同了。

ESP也称ESC，它的中文名字是电子稳定程序，称得上是当前汽车防滑装置的最高级形式。它的诞生，使得全世界乘用车单车事故数量降低了34%，越野车的单车事故降低了59%。

汽车在行驶过程中发生侧滑时，ESP能迅速识别车辆不稳定状态，并通过对制动系统、发动机管理系统和变速器管理系统实施控制，从而有针对性地弥补车辆滑动。ESP的执行器就是4个车轮的制动系统，其实ESP就是帮驾驶员踩制动踏板，它可以辅助车辆在恶劣路面上不至于失控。

认识误区：有了ESP，怎么"滑"都行。

说明：这同样是"神化"了ESP（ESC）的作用。2009年4月30日凌晨，北京奥运会冠军、双料世界纪录保持者百米飞人博尔特在金斯顿的一条高速公路上发生车祸。据警官描述，车祸发生当时正是大雨过后，公路比较湿滑，博尔特驾驶的宝马M3因车速过快导致打滑失去控制，从而发生车祸。

如果速度达到120km/h以上，在湿滑的路面上就是再高级的车也照样侧滑。所以，不要把ESP神化，要以平常心对待。

4. 对牵引力控制系统（TCS）的认识误区

TCS对汽车的稳定性有很大的帮助，当汽车行驶在易滑的路面上时，没有TCS的汽车在加速时驱动轮容易打滑。如果是后轮，将会造成甩尾；如果是前轮，车子方向就容易失控，导致车子向一侧偏移。而有了TCS，汽车在加速时就能够避免或减轻这种现象，保持车子沿正确方向行驶。湿滑路段特点：在云南的盘山公路路面终年潮湿，终年长青苔，天气阴冷路面就结冰。在这种时候，牵引力控制系统（TCS）对车辆稳定性控制的作用就非常明显。牵引力控制系统，又称循迹控制系统。汽车在光滑路面制动时，车轮会打滑，甚至使方向失控。同样，汽车在起步或急加速时，驱动轮也有可能打滑，在冰雪等光滑路面上还会使方向失控而发生危险，TCS就是针对此问题而设计的。若在高速发现打滑时，TCS立即向行车电脑发出指令，指挥发动机降速或变速器降挡，使打滑车轮不再打滑，防止车辆失控甩尾。TCS能保证最佳抓地力，减少因在湿滑地面引起打滑的危险，稳定行车路线，特别是在结冰的道路上。

认识误区：有了TCS，就没必要配备ESP了。

说明：当然不是，有了ESP当然更好，但这种好，对于前驱车和后驱车是基本等效的。简单来说，TCS只能控制动力输出轮；通过控制动力防止加速车轮打滑；ESP 能控制动力和制动，能控制大部分情况下的车轮打滑。

二、安全行车方面认识上的误区

驾驶员由于长年累月驾驶车辆，把自己认为简便的、能减轻自己劳动强度的方法不断总结，形成经验，但很多经验并未经过专业的检验，有些方法甚至是违背驾驶规律的或者说是不科学的，可能危及行车安全。

1. 误区一：加挡超车

驾驶员普遍认为高挡位速度较快，因此在超车前或中途通常加上一挡。事实上车辆的前进是靠发动机的转矩，高挡位时转矩较小，加速踏板反应迟钝，加速度反而减慢，欲速而不达，所以超车时最好应该低一挡。

2. 误区二：转弯同时制动

转弯时汽车重心移向外侧，此时制动会加重侧倾，造成单边制动。若速度过快，或制动过猛，则有翻车危险。正确的做法是在进入弯道前减低车速换入低挡；入弯后，缓慢加油车身，保持平稳姿态，避免引起车辆的侧翻。

3. 误区三：先踩离合器后制动

对于手动挡的车，有人认为制动前应切断动力，制动会更有效，这是严重的错误。因为踩下离合器踏板，发动机转速迅速降低到怠速，并且气管总的真空度降低，真空助力器的辅助力大大降低，制动距离反而变长。正确的操作是先踩下制动踏板，当车速降低至接近停止时再踩下离合器踏板，这样才能确保安全。

4. 误区四：下坡空挡滑行

有些驾驶员在下坡时，挂空挡滑行，以制动来控制速度，这相当危险，在一个长距离坡位时，制动系统会因过热而突然失灵，导致事故发生。正确的做法是根据实际车速挂上合适的挡位，让发动机制动，偶尔辅以制动，这样既安全，又可延长制动片的寿命。

5. 误区五：空挡滑行可以省油

化油器车空挡滑行是可以省油的，但是目前越来越多的电喷汽车在空挡滑行时不一定省油。因为有些车在加速中松开加速踏板、喷油系统停止供油，当发动机转速降至2000r/min时恢复供油，所以电喷车高速带挡滑行时会省油，空挡滑行反而费油。

6. 误区六：磨合期车速越慢越好

磨合期是在一段时间内将摩擦部件的配合间隙磨到一个合理的范围，才能实现较好的润滑。若磨合期内发动机转速过低，则曲轴连杆轴瓦承受的冲击较大；

若磨合期内转速过高，则汽缸壁容易拉伤，造成早期磨损。所以磨合期应参照发动机转速，而不是车速。

7. 误区七：高挡位小油门比较省油

这种做法发动机易发生爆震，燃油爆发的力量不能完全做功，并冲击连杆机构，造成早期磨损。由于低转扭力不足，加速无力反而耗油会有增高的可能。

8. 误区八：汽车起动预热 10min

汽车起动前预热，能使机械部件得到较好润滑，减少摩擦，延长使用寿命，但预热时间不宜过长，能使润滑油到达所需润滑部位即可，一般建议 5~8s。时间过长只会造成油耗增高和发动机磨损增大。

9. 误区九：有 ABS 的车制动采用“点刹”

在紧急制动时要想让 ABS 发挥最大功效，就必须在一开始就把制动踏板踩到底，并且始终保持最大力度，直至车辆完全停下。“点刹”是没有安装 ABS 系统的车辆为防止车轮抱死而采取的手段，在装有 ABS 系统的车辆上继续使用“点刹”的方式，只会适得其反。

三、交通生理心理学基础知识

教练员生理、心理素质容易发生变化的主要原因和对教学安全的影响如下。

1. 长时间在车上教学会使教练员产生疲劳和厌倦心理

教练员在执行教学任务的过程中，长时间应付不断变化的环境，还要顾及学员的操作情况，其精力始终处于高度集中状态，会表现出适度的紧张情绪，心理也会发生明显的变化。在这种紧张的心理下进行长时间或长距离驾驶教学时，受影响最大的是与教练员直接有关的身体机能和心脏活动能力。在这种不良心理状态下行车，首先会使教练员头脑不清醒，反应迟钝，注意力不集中，不能准确判断和迅速处置各种异常情况；其次是使教练员四肢酸懒，行动迟缓，手脚不听使唤，动作的准确率下降；再次是情绪低沉，烦躁不安，对自己所从事的工作有厌倦心理，心理情绪常常不能在正常运行状态下。

2. 行车中遇到各种情况会引起教练员的恐慌或焦躁心理

教练员在日常生活中难免会遇到一些不顺心的事情，心情也会随之发生变化，特别是在教练过程中，要受到外界、人为的各种因素的影响。这些因素会使教练员心理发生变化，如车内环境变化会引起教练员情绪不稳定；道路平坦会诱发教练员因行为单调形成道路催眠；弯曲道路由于车辆连续转弯产生厌烦心情；

车辆拥挤和堵车会使教练员产生急躁情绪；遇交通事故会使教练员产生恐慌心理。由于各类心理的重复出现会诱发教练员心理反应的严重改变，使其出现急躁、松懈、麻痹、骄傲、自卑、精神过分紧张等心理，这些心理在教练员面对实际或想象中的危险时会产生不同的情感。在这种不合理的情感支配下部分教练员就沉不住气，心浮气躁，举止失措，催促学员加速行驶或超车，导致学员驾驶操作失误而引发交通事故。

3. 竞争日益激烈会使教练员产生逆反心理和利益诉求心理

随着驾驶培训市场日益激烈的竞争，培训学员的考试合格率以及家庭负担的压力使教练员在长期紧张生活中产生了心理扭曲，出现心理失衡、情绪紊乱、身心疲劳等问题，尤其是暂时失败者由于主观愿望与客观现实之间出现差距，则可能造成教练员背着思想包袱或带着情绪教学，这样他们有可能置安全于不顾，带着极大的逆反心理和利益诉求心理指导学员驾驶车辆，有意与同行斗气，以寻求精神安慰或心理平衡。

4. 行车过程中任意妄为会使教练员形成侥幸或紧张心理

在教学过程中，有的教练员不能自觉遵守交通法规，按照操作要领驾驶车辆，遇到可能发生车祸的情况或已经预感到可能发生的问题，不是采取有效措施指导学员及时加以避免，而是靠碰运气。明知超速、车辆带“病”上路等严重违章行为的危害，但是由于他们存在侥幸心理，认为不让交警查到就行，对自己的交通违法根本不予重视。由于他们是在心理极度紧张的情况下从事教学的，教学过程中一直处在复杂、多变、波动的状态之下，深怕被查处或发生事故，遇到险情时很难全神贯注、沉稳操作，不是惊慌失措，就是反应迟缓。

四、提高教练员心理素质的对策

1. 必须具备良好的职业道德

良好的职业道德可以纠正驾驶员不健康的心理，形成高尚的理想信念、良好的操作习惯和严格的约束行为，可以调整个人和社会大众之间的关系。所以，教练员要以高度负责的精神热爱驾驶工作，明确自己职业的责任，忠于职守，爱岗敬业，在日常行车中，以交通法规为准则，不论在什么情况下，坚决不做违犯交通法规、违反安全制度的事情，自觉维护交通秩序，增强自我管教和约束能力，坚持文明行车。

2. 必须具备良好的心理素质

驾驶汽车要做到沉着冷静，反应迅速，动作敏捷，操作准确，否则反常心理活动必然导致不良的行为后果。教练员在教学行车中无论遇到什么情况，当感觉自己情绪不稳定时，要进行自我调解和疏导，用各种方法缓解消极情感，尽量减少不良情绪对行车安全的影响，提高在各种复杂情况下反应能力、精神承受压力和自我控制调节的应急能力。养成坚定、顽强、沉着、果断、机智的品格，不为情绪左右，不为外界事物分散精力，形成安全驾驶所要求的心理定势，能用正确敏捷的思路在极短的时间内迅速、果断、安全、有效地处理千变万化的交通情况。

3. 必须具备良好的思想素质

影响教练员心理稳定的因素是多种多样的。有些教练员受社会上各种不正确的人际观、价值观、道德观的影响，染上了许多不良习气，不能正确判别事物良莠，把握是非标准；有的教练员心胸狭窄，个人主义严重，不能正确处理个人与集体的关系和对待各种利益的调整。因此，教练员应该有高度的政治觉悟、良好的道德修养和顽强的意志力，有正确的人生观和良好的思想素质，凡事要从大局出发，不断增强自我疏导和道德鉴评能力，消除心理上的逆反心理，有一种向国家和人民负责的高度责任感，真正做到“车行万里路、处处保平安”。

4. 必须具备良好的驾驶习惯

良好的习惯一旦形成，就具有使动作、行为自动化的作用。反之，如果养成某种不良习惯后，就会以一种惰性心理阻碍接受正确的东西。所以，教练员要坚决杜绝摒弃强烈的、主动的、长期从事的不良嗜好，时刻把乘客和车辆的安全放在心中，不赌博、不酗酒、不吸烟，生活上要有规律，学会用健康的活动保健，形成热爱学习、钻研技术、爱惜车辆、作风顽强、团结战斗的性格，逐渐养成从不习惯到习惯、从不自觉到自觉，培养严格遵守制度的好习惯。

机动车驾驶员的心理状态与驾驶工作是息息相关的。因为车辆是由人来驾驶的，而人又是受心理支配的，心理是有规律可循的。只有掌握人的心理规律，才能安全驾驶车辆，减少行车事故，确保安全。

五、教练员安全心理知识

人的心理活动包括人的性格、情感、情操、意志、气质等。心理活动有共性，也有个性，这些心理活动都会随着人的生理素质、社会经历和实践活动的不同而有所差异。

1. 教练员的性格

性格是指一个人对待事物的稳定态度和与之相适应

的习惯行为方式。它是个性心理的一个重要特征，表现在意志方面。有的机动车教练员自制力较强，富有果断性和纪律性；而有的机动车教练员则粗暴、优柔寡断。因此，在处理问题时，有的教练员认真、仔细、严谨、主动，能正确认识自己的长处和弱点；有的教练员则轻率、犹豫、被动，过高地估计自己。机动车教练员应根据自己的性格特征扬长避短，使自己的性格更适合驾驶职业的要求。

2. 驾驶教练员的情感

情感是指人们在认识客观事物的基础上，对客观事物能否满足自己的需要而产生的一定态度体验。情感对教练员的观察、判断事物有深刻的影响，与教学过程的安全也有密切的关系。

机动车驾驶教练员也有着丰富的思想感情，其情感的波动，对教练车辆的安全往往有极大的影响。人的情感是随着对客观事物的认识而变化的：当客观事物符合自己的意愿时，就会产生满意、愉快、欢乐等积极的情感，使人感到舒适，人的反应能力就提高。对于教练员来说，则表现出在行车中精神集中，精力充沛，观察情况灵敏果断，指挥准确、迅速，这种情感对安全行车是一种保证。当客观事物违背自己的意愿时，则会产生厌恶、忧郁等消极的情感，使人的感觉能力下降。对于教练员来说，则表现出精力不集中，教学指挥无精打采，反应迟钝，应急措施动作迟缓，这种情感对行车安全是极为不利的。

所以，要求教练员做到不带思想问题开车。当心情不好时，要控制住自己的心境，在开车时要保持自己处于积极的情感之中，让情感成为推动自己工作的动力。这也是安全教学的必要保证。

3. 教练员的情操

情操是具有理性特征的高级情感，它与人的世界观和人生观紧密联系。作为一名机动车驾驶教练员，更应成为具有高尚情操的人。教练员具有高尚的情操，是教练员安全行车、完成教学任务的重要保证。所以，每个教练员都应努力学习，把自己培养成具有高尚情操的人。

意志是人们自觉地确定目的，并支配其行动以实现这个预定目标的心理过程。个人所形成的意志特点叫意志品质。积极的意志品质表现为自觉性、果断性、自制性和坚持性。消极的意志品质表现为依赖性、冲动性等。

（1）自觉性。一个人具有自觉性是指其能充分认识到自己行动的社会意义。比如，当教练员认识到安全教学是关系到学员和人民生命财产安危的大事时，在教学中就能自觉地遵守交通法规，确保教学安全。

（2）果断性。果断性对安全行车有很大影响，果断的教练员在教学中遇到紧急情况时能及时采取适当的措施，从而确保教学的安全。

（3）自制性。教练员应能自觉控制自己的行为。一名好的教练员应当具有坚强的组织纪律性，在教学中善于控制和支配自己的情绪，处处为他人着想。

（4）坚持性。教练员必须时刻保持饱满旺盛的精力，为达到目的，要与各种困难作斗争，特别是在遇到各种复杂情况时，也能克服困难，保证安全。

4. 教练员的气质

气质是指每个人都具有的比较稳定的心理特征。气质是在人的生理素质的基础上通过后天实践的影响而形成的，它也受主观意志和性格的控制，是可以改进和提高的。通常人的气质可分为以下四种类型。

（1）兴奋型。这种人的特点是生气勃勃，行动敏捷，常常表现出性子很急，一触即发。属于这种类型的教练员，在教学过程中处理问题积极主动，反应快，有利于安全教学，但要克服急躁、冲动、马虎、任性等缺点。

（2）活泼型。这种人的特点是活泼、好动，情感变化快但不持久，动作敏捷而具有可塑性。属于这种类型的教练员反应快，处理问题准确，同时要注意克服轻率、不稳定等不利于安全的毛病。

（3）安静型。这种人的特点是安静、沉着、动作迟缓，情感反应慢但持久，办事认真有条理。属于这种类型的教练员比较沉着冷静，不容易引起事故，这对行车是有利的，但要注意克服犹豫不决、处理问题不果断等不利因素。

（4）脆弱型。这种人的特点是反应速度慢，动作迟缓，性格比较内向，孤独、多愁善感，但有较大的忍受性，经验丰富但不易外露。属于这种类型的教练员心细，专注性强，要求学员在操作上动作正规，法规意识强，但缺乏处理问题的果断性。

上述四种气质类型的划分并不精确。因为每个人的气质都不是绝对的，它常常随人的年龄变化而变化。不管是哪一种气质类型的人都有长处和短处，所以各种气质类型的教练员都要根据自己的不同特点，在实践中有针对性地加强锻炼，做到扬长避短。

第三章　安全生产行业管理

第一节　现行安全管理体制

我国现行的安全管理体制是政府统一领导、部门依法监管、企业全面负责、群众参与监督、全社会广泛支持。

一、政府统一领导

当前，我国的安全生产方针是“安全第一，预防为主，综合治理”。这个方针是群众集体智慧的结晶，是安全工作长期实践经验的总结。它高度概括了安全管理工作的目的和任务，是一切生产企业实现安全生产的指导思想。为贯彻“安全第一，预防为主，综合治理”的方针，必须建立一个衔接有序、运作有效、保障有力的安全生产管理体制。

《安全生产法》第9条规定：“国务院负责安全生产监督管理的部门依照本法，对全国安全生产工作实施综合监督管理；县级以上地方各级人民政府负责安全生产监督管理的部门依照本法，对本行政区域内安全生产工作实施综合监督管理。国务院有关部门依照本法和其他有关法律、行政法规的规定，在各自的职责范围内对有关的安全生产工作实施监督管理；县级以上地方各级人民政府有关部门依照本法和其他有关法律、法规的规定，在各自的职责范围内对有关的安全生产工作实施监督管理。”这是我国安全生产监督管理体制的基本法律依据。

二、部门依法监管

部门依法监管就是由主管部门，根据国家的安全生产方针、政策、法规，在实施本行业宏观管理中，帮助、指导和监督本行业企业的安全生产工作。部门依法监管也存在与国家监察在形式上类似的监督活动。但是，这种监督活动仅限于部门内部，而且是一种自上而下的部门内部的自我控制活动，一旦需要超越行业自身利益来处理问题时，它就不能发挥作用了。因此，部门依法监管与国家监察的性质不同，它不被授予代表政府处理违法行为的权力，部门主管部门也不设立具有政府监督性质的监察机构。

三、企业全面负责

企业全面负责是指企业在生产经营过程中，承担着严格执行国家安全生产的法律、法规和标准，建立健全安全生产规章制度，落实安全技术措施，开展安全教育和培训，确保安全生产的责任和义务。企业法人代表或最高管理者是企业安全生产的第一责任人。在此基础上，企业必须层层落实安全生产责任制，建立内部安全调控与监督检查的机制。企业要接受国家安全监察机构的监督检查和行业主管部门的管理。

四、群众参与监督

群众参与监督就是广大职工群众通过工会或职工代表大会等自己的组织，监督和协助企业各级领导贯彻执行安全生产方针、政策和法规，不断改善劳动条件和环境，切实保障职工享有生命与健康的合法权益。群众监督属于社会监督，一般通过建议、揭发、控告或协商等方式解决问题，而不可能采取像国家监察那样以国家强制力来保证的手段，因此，群众监督不具有法律的权威性。

五、全社会广泛支持

安全发展是构建和谐社会的重要内容。社会各界关心安全生产，各类媒体积极反映安全生产问题，是对安全生产工作的有力支持和促进。一些伤亡事故、重大隐患以及事故背后隐藏的腐败问题，常常是新闻媒体在第一时间、第一地点做出反映和揭露。建立强有力的舆论监督、社会监督机制，不仅可以揭露问题，抨击丑恶，使安全生产领域的非法违法行为、事故背后的腐败问题无处躲避，使不法分子、腐败分子无处藏身，而且可以匡扶正气，弘扬先进，激励各级干部自觉遵循党的安全生产方针，贯彻执行安全生产各项政策措施，更加高度重视、切实抓好安全生产工作。

要充分调动全社会各个层面参与安全生产工作积极性。把安全生产作为干部政绩考核的重要内容，通过政绩考核不断强化各级领导干部的安全生产意识。要积极发挥各级安全生产委员会及其办公室的综合协调功能，有效动员各类社会资源参与、支持安全生产工作。安全生产综合监管及其他负有安全生产监督管理职责的部门要在政府的统一领导下，依照有关法律法规的规定，各负其责，密切配合，切实履行安全监管职能。要认真总结联合执法的经验，巩固和扩大联合执法的效果。各级工会、共青团组织要围绕安全生产，发挥各自优势，积极开展群众性的安全生产活动，努力构建“政府统一领导、部门依法监管、企业全面负责、群众参与监督、全社会广泛支持”的安全生产工作格局。

第二节　机动车驾驶培训机构安全监管

一、监督管理的指导思想

驾培机构是道路运输业的组成部分。道路运输安全生产监督管理的指导思想如下：以“三个代表”重要思想为指针，认真贯彻“安全第一、预防为主”的基本方针，坚持科学发展观，按照建设“平安交通”和“平安运输”的要求，切实转变政府职能，履行行业管理职责，进一步加强对道路运输安全生产工作的领导，建立健全道路运输安全生产监管机制，全面落实安全生产管理责任制，强化对道路运输经营者、营运车辆、营运驾驶员和运输站（场）的监督管理，建立安全生产长效管理机制，积极运用先进的安全生产技术和安全管理方法，不断提高行业安全生产管理水平，努力实现道路运输安全生产形势的根本好转。

驾培机构作为道路运输业的组成部分，安全监管工作同样从属于道路运输业，其安全教学监督管理同样要接受道路运输安全生产监督管理的指导思想的指导。

二、驾培机构安全生产监督管理组织领导

各级交通主管部门负责组织领导本行政区域的道路运输安全生产监督管理工作。各级道路运输管理机构负责具体实施道路运输安全生产监督管理工作。

各级交通主管部门及道路运输管理机构在驾培机构安全生产监督管理中的主要职责是：认真贯彻执行国家关于安全生产的方针政策和法律法规，全面落实“三关一监督”管理职责，研究协调重大安全问题，

督促检查本地区执行安全生产方针、政策、法规情况，组织开展全行业安全生产检查，督促检查事故隐患整改，参与或负责辖区内道路运输企业安全事故的处理，参与或组织开展重大行业安全活动，组织开展安全生产管理工作经验交流，组织搞好安全管理人员培训教育等。

三、道路运输安全生产监督管理保障体系

要实现道路运输安全管理的既定目标，必须建立完善的道路运输安全管理保障体系。为此，必须从影响交通安全的人员、车辆、道路、教练场所和法规五个方面来考虑。

人员是安全工作的主体。对所有的道路运输活动的参与者，包括管理人员，特别是驾驶员、教练员要进行安全意识和交通法规教育；对驾驶员、教练员还必须定期进行心理、生理检测和技术培训，及时清退不适合驾驶机动车或进行驾驶教学的人员。

车辆是道路运输安全的关键。要搞好这个环节，作为用车的道路运输企业，要从用车的安全检测、用车的维护、修理等方面保障车辆的使用性能，特别是保障车辆与安全有关的性能，保持车辆良好的技术状况，完善车辆的安全结构。

道路是安全行驶的基础。一旦基础坍陷就会导致交通事故，因此一定要搞好道路建设。

教练场所是道路运输安全工作的枢纽。教练场所是驾培机构的核心，包括办公、理教、模拟训练等场所和设施，是教练员、学员获取安全信息的集中点，也是对教练员和学员进行安全管理的“指挥所”。

法规则是搞好道路运输安全管理的手段和依据。

安全生产监督管理保障体系的主要内容如下：

（1）切实加强对道路运输安全生产监督管理工作的领导，建立健全安全监督管理职能机构，配备必要的安全监督管理人员，确保安全监督管理经费、装备和工作职责的落实，提高道路运输安全生产监督管理工作的权威，切实履行安全生产监督管理职能。

（2）加强调查研究，注意发现和研究道路运输安全生产工作中出现的新情况、新问题，积极开展安全生产理论、监管体制与机制、监管方式与手段、安全科技、安全文化等方面的创新，制订科学有效的道路运输安全生产中长期发展规划，明确并落实阶段性目标，不断增强道路运输安全生产工作的针对性和实效性。

（3）按照“属地管理、分级负责”的原则，建立健全道路运输安全生产责任监督机制，完善道路运输安全生产控制指标和考核体系，下级对上级负责，一级抓一级，层层抓落实，确保组织、任务、责任、措施、处罚五到位，逐步形成主要领导挂帅、分管领导把关、职能部门全力、管理人员齐心的道路运输安全生产监督管理工作格局。

(4) 加强道路运输安全监管网络建设，建立与监管工作相适应的道路运输安全生产监督管理专职队伍，完善企业注册安全责任制度，积极实施注册安全工程师制度，努力提高队伍的业务素质和思想道德水平，规范执法行为，提高执法水平。

(5) 建立健全道路运输安全生产监督管理例会制度，传达贯彻上级会议精神和有关安全生产的文件，通报前一阶段安全生产情况，分析研究当前安全生产形势，部署下一步安全监管的意见和措施。

(6) 加大对道路运输安全生产监督管理的投入和支持，加快道路运输安全生产信息化建设，建立高效灵敏、反应快捷、运行可靠的信息系统，做好信息的收集、汇总、发布与管理工作，及时掌握安全生产动态，提高安全生产监督管理化水平。

(7) 按照《道路运输行业事故统计制度》的要求，做好道路运输行业行车事故的统计工作，及时、准确、完整地反映道路运输安全生产情况，建立科学完善的事故统计分析制度，总结教训，预防事故。

(8) 制订和完善道路运输安全事故的应急预案，提高应急反应和抢险救援能力，特别要制订群死群伤、危险化学品等道路运输事故的应急预案，确保发生事故后能进行及时有效的救助，减少事故造成的损失。

(9) 做好安全宣传教育工作，通过各种形式宣传国家安全生产的方针政策、法律法规，宣传安全生产的先进典型和经验，剖析重特大事故发生的典型案例，增强广大道路运输参与者的安全意识。

（10）加强与公安交管、安全监管等部门的沟通和配合，及时通报安全情况，研究分析安全形势，搞好协调，建立良好的道路运输安全生产监督管理互动机制，形成齐抓共管的合力。

四、道路运输安全督查的方法与要求

1. 道路运输安全督查的范围

各级交通主管部门及其道路运输管理机构和从事道路运输经营活动的企业和个人，都必须自觉接受安全监督检查。

2. 道路运输安全督查的组织机构

省交通厅设立运输安全督查领导小组，各级交通主管部门应建立相应的督查组织，建立督查制度，并视情派出专门督查组。

3. 道路运输安全督查的任务

按照实事求是、依法办事和严格管理、分级负责以及教育与惩戒相结合的原则，检查、监督和查处辖区内安全督查范围的下列情况：

（1）以安全生产责任制为核心的安全生产管理规章制度的建立情况。

（2）执行国家、省和本地区有关安全生产的法律、法规、政策及规章制度、技术规范等情况。

（3）执行上级交通行政管理部门下达的工作任务（意见）、通知、通报及隐患查处、整改和各种安全检查活动的组织情况。

（4）内设安全管理部门及人员配备、安全管理经费和装备落实情况。

（5）安全生产中存在的重大问题和隐患的整改落实情况。

（6）对报纸、电台、电视台等新闻媒体曝光和来信、来访、来电举报反映有关安全方面问题的处理情况。

（7）道路运输管理机构及工作人员执法、事故处理、安全记录等情况以及在运输企业资质评定、运力审批、线路招标和年检年审等工作中安全指标控制情况。

（8）督查提出的安全问题整改情况。

4. 道路运输安全督查的方法

安全督查采取现场检查、在规定的时间和地点检查、暗访等方式进行。明查暗访应做好记录，在督查中发现安全问题时，应发给被督查单位《督查通知书》，对存在重大安全隐患的，责令其限期整改。检查记录和整改验收结果存入相关档案。

5. 道路运输安全督查的处理

道路运输安全督查的处理分为批评教育、责令限期整改、通报批评和责成有关部门依照党纪政纪及有关法规规章作出相应的处分。

（1）批评教育

在督查中发现安全隐患或安全管理工作存在的问题，督查后能及时改正的，予以当面批评教育，由执行的督查人员直接作出。

（2）责令限期整改

安全督查中被督查单位存在的问题一时难以改正的，责令其限期整改。责令限期整改，由督查组组长批准。

（3）通报批评

安全督查中发现被督查单位违反有关法规、规章等安全管理规定情节严重的、存在问题不服从督查的、收到《督查通知书》后不及时整改或整改不力的，予以通报批评。通报批评由安全督查领导小组研究决定。

（4）党纪、政纪处分

安全督查中发现被督查单位违反有关法规、规章等安全管理规定情节特别严重的、存在安全隐患不服从督查态度恶劣的、收到《督查通知书》后拒不整改的，在责成有关管理部门依法从严从重处理外，建议有关部门按照有关规定给予党纪政纪处分。党纪政纪处分由安全督查领导小组提出意见，相关单位按照管理权限审批。

（5）移送司法机关处理

安全督查中发现被督查单位对因不及时整改安全隐患而造成人员伤亡事故情节特别严重的，依照有关法律、法规移送司法机关处理。移送司法机关处理，由安全督查领导小组提出意见，司法机关按法律、法规予以处理。

安全督查组织对被督查单位除采用上述督查处理外，对督查中发现问题而又不按要求整改，受到省厅通报批评的交通主管部门和道路运输管理机构，可视情节在年度安全目标考核中作相应扣分。

6. 道路运输安全管理指标和考核体系

各级交通主管部门和道路运输管理机构要建立完善的安全生产控制指标和考核体系，对安全生产情况要进行量化考核。

1）道路运输安全管理指标

道路运输安全管理指标，是指省交通厅对各市交通局（委）、省厅运管局对各市运管处（局）所管辖道路运输企业行车事故的控制指标，包括事故次数、死亡人数和重特大事故次数、责任事故率、责任死亡率和责任重伤率等。

2）道路运输安全管理考核体系

为切实加强道路运输安全管理工作，落实安全生产责任制，各级交通主管部门及其道路运输管理机构应建立道路运输安全管理考核体系。各级交通主管部门应与其下属各单位及下一级交通主管部门签订安全生产目标管理责任书；各级道路运输管理机构应与下属单位、下一级管理部门及管辖的企业签订安全生产目标管理责任书，并督促企业签订内部的安全生产目标管理责任书，形成横向到边、纵向到底的安全管理责任制及严格的考核制度。

3）道路运输安全管理考核内容

(1) 认真贯彻国家和省的安全法规、规章和工作要求，对全年安全工作有部署、有目标、有总结。

(2) 对下属单位及下一级进行道路运输安全管理目标考核。

(3) 每季由领导（分管）主持召开道路运输安全办公会议或例会，分析研究安全形势，解决重大问题。

(4) 对春运、春游、“三防”、“五一”、“十一”等季节性运输安全工作有部署、有检查。

(5) 督促运输企业与承包经营者签订安全生产责任书。

(6) 运输企业必须与驾驶员签订安全目标责任书。

(7) 分管领导一个月不少于5个工作日，深入基层对道路运输安全生产进行现场监督。

(8) 加强对道路运输安全生产的调研活动，撰写调查报告等。

(9) 发生道路运输行车事故及时报告。

(10) 按规定准时报送行车事故报表，对重大及以上事故有简要文字说明，年终对发生的事故作综合书面分析。

(11) 对“安全生产月”，“反三违月”活动有部署、有检查、有总结。

(12) 对客运站（场）执行《汽车客运站安全生产管理规范》情况进行检查、监督。

7. 道路运输行业行车事故统计报告规定

1）道路运输行业行车事故统计报告的目的

为了及时、准确、完整地反映道路运输经营者事故情况，总结经验教训，预防类似事故发生，应对道路运输行业行车事故进行统计报告。

2）道路运输行业行车事故统计报告的执行机构

道路运输企业安全管理部门负责统计上报本企业的事故；省、市、县交通主管部门和道路运输管理机构负责统计上报本地区道路运输行业的事故。

3）道路运输行业行车事故报告的形式

道路运输行车事故报告形式有一般事故报告和紧急事故报告两种。

（1）一般事故报告

①凡一次死亡（失踪）1～2人，或一次重伤3～9人，或遇险人数1～4人，或无人员伤亡但直接经济损失50～100万元以下的行车事故或车辆火灾事故为一般事故报告范围。

②发生事故的道路运输经营者，在接到事故报告后6小时内按照事故报告的内容和要求，将所发生的事故情况向经营者所在地的道路运输管理机构报告。接到事故报告的道路运输管理机构应在6小时内向本级交通主管部门和上一级道路运输管理机构报告。接到事故报告的本级交通主管部门和道路运输管理机构应在6小时内分别向上一级交通主管部门和道路运输管理机构报告。省道路运输管理机构接到事故报告每月汇总后报省交通主管部门。

（2）紧急事故报告

①凡一次死亡（失踪）3人及以上，或一次死亡重伤10人及以上，或涉及外籍人员死亡，或造成直接经济损失100万元以上，或发生危险化学品（包括剧毒、放射、爆炸等）运输翻车或泄漏，或事故虽未达到上述标准，但已造成较大影响或易引发其他事端的，或其他需及时上报的重要情况，为紧急事故报告范围。

②发生事故的道路运输经营者，在接到报告后2小时内按照事故报告的内容和要求，将所发生的事故情况分别向经营者所属地和事故发生地的县（市、

区）道路运输管理机构报告。道路运输经营者所属地的道路运输管理机构接到报告后2小时内，应直接向省级道路运输管理机构及省交通厅报告，同时向本级交通主管部门和上一级道路运输管理机构报告。市级道路运输管理机构在接到事故报告后，应尽快了解详情，在6小时内省级道路运输管理机构补报或续报，事故初步原因应在12小时内续报。

4）道路运输行业行车事故统计上报

全省道路运输行业行车事故统计应统一使用表式，由道路运输经营者和所属地道路运输管理机构逐级统计填报。市级道路运输管理机构应按规定的时间分别报送本级交通主管部门和省级道路运输管理机构。省级道路运输管理机构汇总后按要求上报省级交通主管部门和交通部公路司。

五、安全管理执法

加强执法监督是依法行政的重要内容和保障。机动车驾驶培训管理机构的执法人员应当按照法定职权和程序对驾培机构进行监督检查，不得滥用职权、徇私舞弊，不得妨碍驾培机构的正常工作秩序。

机动车驾驶培训管理机构的执法人员实施现场检查时，可以行使下列职权：

（1）询问教练员、学员以及其他相关人员，并可以要求被询问人提供与违法行为有关的证明材料。

（2）查阅、复制、摘抄与违法行为有关的教学日志、培训记录及其他资料，核对与违法行为有关的技术资料。

（3）在违法行为发现场所进行摄影、摄像取证。

（4）检查与违法行为有关的教练车、教练场和教学设施、设备。

执法人员应当如实记录检查情况和处理结果，并按照规定归档。当事人有权查阅监督检查记录。

机动车驾驶培训管理机构应当公开举报电话号码和通信地址，受理投诉和举报。

驾培机构及其管理人员、教练员、学员和其他相关人员应当配合执法人员的监督检查工作，如实反映情况，提供有关资料。

第四章　驾培机构安全管理实务

第一节　安全管理工作的任务和内容

一、驾培机构安全管理工作的任务

驾培机构安全管理工作的任务是：认真贯彻实施相关的交通安全法律、法规、规范和标准；以科学管理的思路坚持“安全第一、预防为主”的方针，建立“管教学必须管安全”、“谁主管谁负责”的安全生产管理责任制；设置安全生产管理机构，配备安全生产管理人员，落实各项安全生产制度，保证安全生产必要投入；制订切实可行的安全防范措施，强化安全管理自我约束机制，切实提高安全生产管理水平；采取科学有效的手段，制订切实可行的措施，把交通事故消灭在萌芽状态；保障教学安全，防止人员伤亡和经济损失。

二、驾培机构安全教学管理工作的主要内容

驾培机构安全管理工作涵盖的内容很广泛，以保

障教学、行车安全为中心的安全管理工作的主要内容如下。

1. 建立安全管理制度

驾培机构安全管理制度主要包括：

（1）全员安全管理制度：明确全体职员安全工作职责，全员签订教学（行车）安全目标责任书。

（2）安全会议制度：安全会议每月召开两次，如遇特殊情况，应随时召开有关会议。

（3）安全事故分析会议制度：用典型事故案例，结合日常存在的不安全隐患，及时召开分析会，提出事故整改措施。

（4）安全教学公告制度：定期对安全教学状况、安全管理人员、教练员的违章情况进行公告。

（5）安全考核制度：对管理人员和教练员进行日常管理和安全教学的全过程考核。

（6）安全检查制度：根据安全考核要求，加强门检、路查工作。督促教练员做好对车辆的日常维护和检查，防止疲劳、酒后或带病教学。每月不少于一次机务检查，每年组织四次综合性检查。

（7）奖惩激励制度：制订奖惩措施，根据安全考核结果实施奖惩，并保证落实到位。

（8）安全责任追究制度：对安全事故严格按照事故原因未查清不放过、责任人员未处理不放过、整改措施未落实不放过、有关人员未受到教育不放过的“四不放过”原则，追究事故直接责任人和有关负责人的责任。

（9）安全教育制度：制订对安全管理人员和从业人员年度及长期的继续教育培训计划，明确培训内容和年度培训时间各种形式的安全竞赛活动。

（10）档案管理制度：建立车辆技术档案、教练员档案、事故档案等基础档案管理制度。

（11）教学车辆强制性保养制度：教练车每年必须完成1～2次的车辆技术等级评定。

（12）安全管理工作所需要的其他制度。

2. 明确驾培机构的权利与责任

驾培机构应依据规模大小和经营范围，明确自身的合法权利以及需要承担的责任和义务。

1）驾培机构的权利

（1）按照法律自主经营，自主选择经营发展模式。

（2）制订安全教学管理各项制度。

（3）组织安全检查，对教练员教学行为和车辆进行经常性监督。

（4）制订并实施安全奖惩激励措施。

2）驾培机构责任和义务

（1）贯彻执行国家有关安全法律、法规和政策，完成上级下达的各项安全考核指标。

（2）使用符合国家规定标准的车辆从事机动车驾驶培训经营活动。

（3）采取积极措施降低安全风险，针对已认定的风险制订防范措施。国家强制实施的机动车交通事故责任强制险投保率应达到100%，并积极参投第三者责任险及其他商业险种。

（4）法定代表人为安全教学第一责任人，对安全教学条件予以保障；分管安全的领导为直接责任人；其他分管领导对分管范围的安全工作负责。领导和职员都实行“一岗双责”制，即领导和职员既对分管的业务工作负责，又对分管业务范围的安全工作负责。

（5）建立完善的教育和培训程序，保证所有相关人员充分理解相关法律、法规等，保证相关人员接受安全管理体系需要的培训，保证制度信息传递渠道畅通、职员和相关人员熟知安全教学管理制度。

（6）采用科学的管理方法，先进的教学设施、设备，不断完善安全教学的方法和手段。

（7）对所属车辆及教练员（包括聘用）承担管理责任。

（8）逐级实行安全管理责任追究制度。

3. 建立安全管理机构、配备安全管理人员

驾培机构应依法设置专门的安全教学管理机构。对需要履行安全教学职责的所有人员，应当用文件形

式明确规定其责任、权利及相互关系。

安全教学管理机构应配备适应工作需要数量的专职和兼职安全管理人员，并考察政治素质、政策水平、文化程度、专业素质、管理经验和健康状况等综合素质，安全管理人员应经统一培训，考核合格，方可上岗，安全管理人员应保持相对稳定。

4. 做好安全教学基础保障工作

驾培机构要从设备和经费等方面，为确保安全教学提供必要的保障和支持。

驾培机构应当配备安全管理工作所需的交通工具、计算机及配套设备等办公和安全检查有关设备。

5. 建立安全监督机制

驾培机构应当指定人员，负责教学车辆的安全运营，直接与最高管理层联系，报告所观察到的缺陷，负责组织教学安全评审，提出纠正措施的建议。指定人员应具备安全方面的资格和从业经验，精通驾培机构的各项安全教学管理制度。驾培机构应当以文件形式明确规定指定人员的责任和权利。指定人员的责任和权利应包括：对驾培机构安全教学工作进行监控；确保驾培机构对车辆安全运行提供足够的资源支持。

此外，为保障各项制度和措施的顺利实施和执行，驾培机构应当加强监督检查工作，实行专业监督、群众监督、举报监督等多种监督方式。

专业监督：以驾培机构职员为主体，开展群众性安全教学活动，充分发挥职员、新闻媒体及社会各界的监督作用。

举报监督：驾培机构应建立举报制度，公开举报电话号码、通信地址或电子邮件信箱。对接到的举报，驾培机构应及时予以查处。

6. 加强教练员的管理

教练员应当经省级道路运输管理机构考试合格，取得相应执教资质的机动车驾驶培训教练员证。

驾培机构应规定教练员录用条件，经驾培机构组织学习国家相关法律、法规和驾培机构各项规章制度，考试合格后，经驾培机构安全管理部门审核批准，方能录用。

驾培机构应建立教练员考核淘汰机制，对经考核确认已达不到驾培机构要求的教练员，应调离或予以辞退。驾培机构应对教练员进行安全教学培训，包括初次进入培训、定期培训、特殊情况培训等。主要内容有：道路交通安全法律法规、安全行车规定、驾培机构安全教学状况等。

7. 加强教学车辆的管理

驾培机构教学车辆购置、使用、经营方式和结构调整，应综合考虑各环节的安全保证因素，不得接受非产权所有车辆以驾培机构的名义从事经营活动。

教学车辆应符合国家有关标准要求，设施、设备齐全有效（反光镜、副制动器、固定座位、灭火器、三角牌等），车辆技术状况良好。

按照规定对车辆进行维护与检测：驾培机构应当实行强制性保养制度，教练车每年必须完成1～2次的车辆技术等级评定；保证车辆按照国家和行业有关规定和标准以及驾培机构制度的相关要求进行维护和检测；及时报告不符合规定的情况及可能的原因；采取适当的纠正措施；保存这些活动的记录。

驾培机构应当建立教练车辆信息管理系统。

8. 建立应急救援体系

驾培机构应建立安全教学应急救援体系，设置应急救援机构，配备应急救援人员和物质、设备等。应急预案应标识、描述可能出现的紧急情况，制订紧急情况的应急和报告程序，明确应急指挥、人员机构、应急车辆和设备的储备以及处置措施，建立和完善救援互助网络，同时及时排查和整改安全教学隐患。

第二节 驾培机构安全管理机构和职责

机动车驾驶培训机构要搞好安全管理工作，首先要有健全的安全管理机构，其次在安全管理机构中，各职能部门和职能人员必须有明确的职责范围，只有这样，安全管理工作才能从组织上落到实处。

一、安全管理机构设置和人员配备

驾培机构应按照“全员、全过程、全方位管理”的原则，建立健全安全教学管理体系和安全防范制度。依靠制度创新和科技进步，不断提高驾培机构安全管理水平。

各驾培机构应根据自己的规模和具体情况，建立相应的安全管理机构，配备专（兼）职安全管理人员。

二、各级机构和人员的安全职责与工作要求

1. 驾培机构教学安全管理职责

（1）全面贯彻执行国家有关安全生产的方针、政策和法律、法规，自觉接受行业管理、国家监察和群众监督。

（2）落实安全生产主体责任，建立健全安全管理机构，配备安全生产管理人员。

（3）结合实际，制订和完善安全管理规章制度、安全管理目标及阶段性安全控制指标，量化分解，落实到人，并签订安全生产目标责任书，对安全生产情

况实行阶段性定量控制和考核。

（4）强化安全生产技术培训和岗位培训，认真做好安全教育、培训和评比竞赛活动，推广交流先进安全技术和安全管理经验。

（5）加强源头管理，定期组织开展安全检查，综合运用自检、普检、抽检、互检等多种方式，及进排查各类安全事故隐患。

（6）定期召开教学安全例会，分析教学安全形势，安排下一步安全工作意见。

（7）落实安全经费。应以上年营运收入的0.5%～1%作为安全费用，专项用于教学安全，保证安全事故的抢险救灾和善后处理工作等安全投入资金的稳定来源。

（8）建立健全安全管理信息系统，推广使用安全管理设备，不断改善安全生产条件，提高企业安全管理技术水平。

（9）抓好车辆安全技术管理和驾驶员管理工作，建立完善安全管理档案。

（10）按照事故原因未查清不放过、责任人员未处理不放过、整改措施未落实不放过、有关人员未受到教育不放过的原则，认真做好事故处理工作，制订落实事故救援应急预案。

（11）对所有安全管理和从业人员定期进行绩效考核，建立健全教学安全奖惩制度，对教学安全做出显著成绩的集体、个人给予表彰奖励；对因玩忽职守、违反规章制度而造成事故的，根据事故性质、责任大小给予行政处分和经济处罚，触犯刑律者送交有关部门处理。

（12）定期开展以教学安全活动是否符合安全管理体系要求的内部审核，定期评价安全管理体系的有效性。

2. 驾培机构法定代表人安全生产管理职责

驾培机构法定代表人是安全生产的第一责任者，必须对本驾培机构的教学安全负全面领导责任，并直接对上级主管部门负责。其工作职责是：

（1）认真学习贯彻国家关于安全生产的方针、政策和法规，积极参加有关部门组织的安全法规和安全知识培训，带头遵纪守法，模范执行各项安全生产规章制度，自觉接受行业管理、国家监察和群众监督。

（2）当好教学安全总指挥的角色，组建以法定代表人为组长、分管安全领导为副组长的安全管理领导小组，主持制订各分管领导的工作职责，明确安全管理责任、权利和义务，及时听取分管领导的汇报，定期考核，并提出下一步工作目标。

（3）建立健全与教学经营活动相适应的安全管理机构，选拔业务素质高、思想作风好、责任性强的人员担任教学安全管理工作，并保持相对的稳定，保证教学安全管理所需的装备、场地和经费落实到位。

（4）认真审定教学安全生产责任制、车辆安全技术管理、教练员管理、安全教育培训、教学安全检查、事故管理、机具设备安全管理、教学安全奖惩等一整套教学安全规章制度；认真审定事故救援应急预案。

（5）参与和主持召开教学安全工作工作会议，提出教学安全工作目标和总体规划，研究解决企业教学安全上的重大问题，定期检查企业贯彻教学安全责任制和有关重大措施的落实情况。

（6）督促职能部门对从业人员的安全教育和职业道德教育，抓好干部职工的安全培训，努力提高全员安全意识。

（7）积极推行注册安全主任制度，按规定聘用注册安全主任，并为其提供相应的工作条件；认真听取注册安全主任的工作汇报，研究其提出的安全生产建议，对重大事故隐患和问题及时采取措施落实整改。

（8）经常深入基层检查指导教学安全，督促基层加强教学现场安全管理，坚持定期做好内部安全检查，对查出的事故隐患及时整改。遇有重特大安全事故时，应亲临第一线指挥，并密切配合有关部门对事故的调查和处理。

（9）加强事故管理，对各类事故严格按“四不放过”的原则处理；发生事故按规定时间及程序报告有关部门，并对报告的及时性、准确性负责；对事故责任者要严肃处理，绝不姑息迁就；接到运管部门发出的《安全事故隐患督查通知书》后，必须在限期内妥善解决。

(10) 定期向职工代表报告安全生产工作情况，认真听取意见和建议，接受职工群众监督。

3. 分管安全领导安全生产管理职责

机动车驾驶驾培机构分管安全领导是教学安全工作的直接指挥员，对驾培机构的安全生产负主要领导责任，接受驾培机构法定代表人的领导，向驾培机构法定代表人负责。其工作职责是：

(1) 认真学习贯彻国家关于安全生产的方针、政策和法规、积极参加有关部门组织的安全知识和法律法规的培训，自觉执行各项安全生产规章制度，带头学好安全生产管理知识。

(2) 主持驾培机构日常安全管理工作，定期向法定代表人汇报，接受上级有关部门的指导，做好同级领导及注册安全主任的沟通、配合工作。

(3) 为主设计与驾培机构生产经营活动相适应的驾培机构安全管理系统及其配备和各级运作模式，主持建立驾培机构安全管理机构，配备充实业务素质高、作风好、责任性强的安全管理人员，并保持相对稳定，主持制订驾培机构安全管理机构的工作规范和安全管理人员的岗位职责及工作目标。

(4) 为主起草或拟订驾培机构一整套安全生产规章制度，主持制订符合本驾培机构生产实际的重特大事故救援应急预案。

(5) 组织、协调驾培机构内部各部门和基层单位的安全管理工作，督促各部门、各单位全面贯彻执行各项安全管理规章制度以及开展各项安全活动。

(6) 主持或参加教学安全工作工作会议，听取各单位安全生产工作汇报，及时总结和部署下一步安全生产工作；定期逐条对照《道路运输教学安全工作状况评估标准》，对驾培机构的安全生产状况作实事求是的自我评估，并按《企业安全管理检查考核工作规范》实施检查和考核，发现和研究解决安全生产上存在的问题。

(7) 定期向安全生产领导机构和有关部门汇报教学安全工作情况，提出主要议题和工作打算。

(8) 根据教学安全工作教育培训计划，有组织地对安全管理人和从业人员进行安全生产法律法规和安全知识教育培训，不断提高全员的安全意识和驾培机构的安全管理水平。

(9) 经常深入基层和生产现场，检查、指导安全工作，督促基层加强生产现场的安全管理和消防训练，定期做好生产安全和消防检查，对查出的事故隐患及时迅速整改。

(10) 发生重大及以上事故要及时赶赴现场，协助或指导事故善后工作；密切配合有关部门对事故的调查与处理，严格按“四不放过”的原则办事。发生重大及以上事故要及时向法定代表人汇报，并按规定的时间和程序报告有关部门，对报告的及时性和准确性负责。对事故责任者要严肃处理，超过职责范围的处理要提交法定代表人或有关会议研究处理。

4. 安全管理机构教学安全管理职责

（1）贯彻执行国家有关安全生产的方针、政策，落实上级、运管部门和驾培机构制订的安全生产各项制度、标准和办法。

（2）对教学安全工作实行统一监管，实现对教学安全工作的综合管理，加强对基层各级安全管理机构的业务指导和检查，及时协调，定期考评。

（3）建立健全一套具有监督、反馈、制约、激励等诸多功能的安全管理运行机制，制订并完善教学安全工作规章制度，制订不低于上级下达的安全生产考核指标方案，健全和落实安全生产岗位责任制，落实重特大事故救援应急预案。

（4）定期组织召开本级范围内的安全例会，随时掌握各基层单位的安全生产动态，督促落实各项安全生产规章制度和责任制，出现问题及时协调和解决，对超越职权范围的情况，及时通报有关部门。

（5）组织驾培机构范围内的安全生产教育和培

训，组织开展各种形式的安全竞赛活动，组织总结交流安全生产经验、教训，推广安全生产先进经验。向驾培机构领导人推荐表彰的安全先进单位及安全先进个人和提出有关责任单位或责任人的处理建议。

（6）负责组织对各基层单位车辆机械、动力、设备的安全性能、维护及安全操作管理及特殊工种持证上岗等情况的监督、检查和考核。

（7）根据有关规定，随时抽查驾培机构车辆的安全运行情况，并充分运用GPS卫星定位系统、汽车行驶记录仪等高科技管理手段，对车辆实施监控和动态管理，及时纠正违章行为。

（8）负责对教练员的资格、资历审查，并建立相应的教练员安全公里（年资）等台账。

（9）负责行车事故的调查、统计和上报工作，办理车辆的各项保险、索赔手续。对各类事故执行“四不放过”原则，按事故处理权限对事故责任人提出处理意见或作出处理决定。

（10）负责建立教学安全工作各项基础管理工作台账，妥善保管各项原始记录和资料档案，建立和完善驾培机构安全管理信息系统。根据上级要求，及时、准确地提供有关安全生产方面的信息资料。

5. 安全管理人员管理职责

驾培机构专职安全管理人员原则上按每25辆营运

车不少于1人配备，少于10辆营运车的驾培机构设兼职安全管理人员。其主要职责是：

（1）宣传贯彻执行国家及上级部门下达的有关安全生产的方针、政策和法规，认真执行驾培机构各项安全管理规章制度。

（2）组织安全学习活动，会同有关部门进行经常性的安全生产宣传教育，积极开展行车安全竞赛等活动。

（3）经常深入现场进行安全生产监督检查，督促检查营运车辆保持良好的技术状况，保障各项基础管理工作的落实。对危及教学安全的行为，有制止和向上级反映的责任。

（4）负责本单位安全事故的处理、统计和上级。

（5）加强对教练员的安全行车管理，协助做好教练员的审验、评比工作。

6. 安全生产综合管理

安全工作是一项复杂的系统工作，必须进行综合管理。交通部《关于加强公路运输企业安全工作的意见》（［1988］交公路字289号），对如何加强道路运输教学安全工作综合管理做了规范性的指导意见，这对作为驾培机构同样适用。

1）认真开展安全教育活动

（1）保证安全教育时间，尤其是对教学人员每星期至少安排2小时的安全教育。

(2) 安全教育的内容主要是国家关于安全工作的方针政策、安全工作的重要意义、职业道德规范、交通规则、安全基本常识、安全规章制度、安全操作规程、安全行车经验、安全评比条件、典型交通事故案例分析等。

(3) 安全教育的形式多种多样，如过安全日、开安全例会、出车前进行安全嘱咐以及图片展览、智力竞赛、观看录像、办安全专栏、开展安全对话、举办安全常识讲座等。

(4) 安全教育要注意联系实际，并与加强两个文明建设、开展职业道德教育、宣传好人好事结合起来；针对综合交通状况，与如何加强安全工作的讨论结合起来；针对职工的工作特点，与思想政治工作结合起来，强化职工安全意识，避免空洞说教。

(5) 曾经发生重大事故的单位，要结合事故后果、原因及责任分析，反复进行教育，使职工痛定思痛，居安思危，汲取血的教训，警钟长鸣，常备不懈，时刻不忘安全工作。

(6) 做好安全教育记录，对参加教育活动缺席较多的人员，要组织补课。

2）强化安全管理工作

(1) 摆正安全与生产的关系，坚持“安全为了生产”、“生产必须安全”和“管生产必须管安全”的原则。

（2）实行安全责任制，明确安全责任。运输企业的经理对安全工作要负第一位责任，分管安全工作的领导要负重要责任，其他领导也要负综合治理的责任。

（3）对安全工作要进行全员、全方位、全过程管理，要把安全工作列入议事日程，分工合作，齐抓共管。

（4）分管安全工作的驾培机构领导每月不得少于两次深入生产现场、车队，督促检查安全工作。

（5）充实安全科室人员，并保持人员相对稳定。

（6）对违犯劳动纪律、不遵守操作规程的人员要及时批评，纠正其错误。情节严重者，要进行必要的处理。

（7）对已发生的事故，不论大小，均要坚持“四不放过”的原则，查明情况，严肃处理，认真总结经验教训，指出改进措施。属运输企业责任事故者，要追究当事人和有关领导的责任。

（8）加强基础工作和对安全业绩的考核工作，要使安全质量具有否决权，把安全情况列为评比、升级的重要条件。对事故多的单位，要组织人员进行整顿。

（9）加强安全工作的全面管理，使安全工作逐步科学化。

3）进一步健全安全规章制度

（1）培训机构应健全以下的安全规章制度：各类人员的岗位责任制、安全责任制、各类事故的处理规定、教练员安全奖惩规定、教练员安全台账档案管理制度、教练员准入把关和审验制度、车辆技术检验制度、定期安全检查制度、安全例会制度、领导定期深入生产一线监督检查制度、领导带队上路检查本企业车辆安全情况制度、安全活动日制度、安全公里考核制度等。

(2) 层层分解、落实到人，使每个职工都有责任感和紧迫感，形成上下结合、左右配合的安全保证体系。

(3) 每月检查一次安全规章制度的执行情况，年终进行总结、分析，提出进一步完善的意见。

4）认真开展安全大检查

(1) 各运输企业原则上每年要开展两次安全大检查。

(2) 检查的主要内容有：职工安全意识的确立情况、各项安全制度的执行情况、有关安全机构功能发挥的情况、车辆和设备实际的情况、各类事故处理的情况、安全防范措施落实的情况等。

(3) 安全大检查以自检、普检为主，并适当与互检、抽检结合起来。

(4) 对查出的问题要果断处理，凡不符合运行条件的车辆，要责令停驶，无法恢复基本技术等级的，要强制报废。

5）切实加强车辆机务管理

(1) 严格管理工作，健全车辆技术档案、台账，严格注视车辆的技术状况。

（2）定车定人，专责保管使用。一般情况下，不得随意调整驾驶员。

（3）合理使用车辆，按调度命令出车，不超载运行，不乱停乱放。

（4）开展爱车例保活动，除提高驾驶员搞好例保的自觉性外，要做好出车前、途中和回场后的车辆例保工作，所在单位要加强督促检查。

（5）充分利用现有检测设备，结合安全大检查，每年对车辆进行全面检查，鉴定车辆技术状况。

（6）坚持日常的车辆进出场检验，特别是营运客车。检验后要层层签字，未经检验合格并无签证者，一律不得参加营运。

（7）按维修、修理作业的规范要求维修车辆，加强过程检验，确保维修质量。

（8）不论车辆是否承包，一旦发现故障而驾驶员又不能排除时，都要及时抢修。严禁为了降低维修费用而使车辆带病运行，防止短期行为。

6）严格遵守操作规程

（1）通过上技术课及进行不定期考核等督促职工、尤其是驾驶员学习并熟悉有关的操作规程和安全注意事项。

（2）教育驾驶员养成勤检查、勤调整车辆的习惯，使转向、制动、传动、灯光、喇叭等车辆安全保障系统经常处于良好、有效的状态。

(3) 驾驶员在运行途中要集中精力，不闲谈，不赌气、不强超抢会，不盲目快速，严禁超载；供油系统发生故障时，不准人工直接供油；下陡坡时，不准熄火或空挡滑行；上山和下山时，要检查转向和制动是否灵敏有效。

(4) 客运车辆行经险桥、危险路段、上渡船和加油时，要组织旅客下车。

(5) 在气候变幻无常的地区，出车前要带齐防范性设施，谨慎驾驶，注意防止因路滑或塌方造成事故。

(6) 车站工作人员及乘务人员要严格检查“三品”，避免出现意外事故。

7) 积极组织安全评比

(1) 安全评比要注意实效，通过评选安全标兵，树立学习榜样，激励职工的荣誉感和责任感。

(2) 竞赛活动形式灵活多样，如安全百日（千日）无事故赛、安全正点赛、春运无事故赛、安全优质服务赛、安全运输对手赛等。

(3) 对评选出来的安全标兵或其他称号的先进人员，要及时表彰，广泛宣传他们的事迹。

(4) 在家属中开展“贤内助”竞赛活动，调动家属协助职工搞好安全和优质服务的积极性。

8) 努力提高职工素质

(1) 对新招收的职工，在上岗前必须进行必要的技术、业务培训，使他们掌握基本的安全常识。

（2）严格按照有关规定选拔、培养驾驶员，特别是客车驾驶员，一定要具备规定的条件，不得随意降低标准。

（3）对在岗职工分期分批进行培训。考虑到驾驶员的工作特点，可根据不同的运输季节组织短期培训，提高他们的文化、技术水平，使他们掌握一定的安全知识。

（4）为了不影响生产，培训工作要因时因地进行，要注意将脱产培训与在岗培训、企业培训与专门院校培训、普及性培训与提高性培训结合起来，以照顾各种不同的情况。

9）切实关心职工生活

（1）积极创造条件，安排好职工生活，特别是要保证驾驶员吃好、睡好、休息好，以保证其旺盛的精力。

（2）对夏日和夜间承担长途运输任务的驾驶员，要强制他们休息一定的时间。客车可由两个驾驶员轮流驾驶，避免因驾驶员疲劳过度而发生交通事故。

（3）注意掌握职工、特别是驾驶员思想情绪的波动情况，及时弄清原因，说服、调解、疏导，使其保持心情舒畅。

（4）注意解决职工的家庭生活困难，帮助其解除后顾之忧，使他们集中精力搞好工作。

10）及时交流安全信息

（1）认真收集本单位或其他单位的安全情况及开展安全工作的有关资料。

（2）对取得的资料要实事求是地进行整理，以动态、经验、问题、建议几部分进行归纳，使之形成可供参考的信息。

（3）在企业内部印发，使广大职工了解并关心安全工作。

（4）上报交通主管部门和有关领导机关，为安全决策提供依据。

（5）已实行计算机管理工作的单位，要将有关信息输入，以备今后检索使用。

三、安全教学管理工作的负责制

安全教学管理工作实行法人代表负责制、分管负责人责任制，并建立分级管理、逐级负责的体制。

（1）驾培机构法人代表对驾培机构的安全教学负第一责任，分管安全教学的负责人直接责任，其他分管负责人负综合治理责任。

（2）驾培机构分管安全教学的负责人及其他负责人对驾培机构法人代表负责。

（3）安全教学管理职能部门及相关部门负责人向分管安全教学的驾培机构负责人负责。

四、安全教学目标管理制度

驾培机构实行安全教学目标管理制度，制订驾培机构安全教学的方针和目标，并将目标层层分解到下属各单位及部门。按照上下关系，签订目标安全管理责任书。驾培机构应与交通行业管理部门签订目标安全管理责任书。

机动车驾驶驾培机构安全包括两个方面：一是车辆运行安全，即不发生行车安全事故；二是教学过程安全，在机动车驾驶培训过程中不发生安全事故。

第三节　教学车辆机务安全管理

一、教练车机务管理的任务与职责

教练车是驾培机构的主要教学设备，是机务管理工作的主要对象。驾培机构机务管理工作的主要任务是：保持车况完好，降低消耗，发挥车辆效能，及时保证教学的需要。其主要职责是：

（1）认真贯彻执行上级有关汽车机务管理的方针、政策、规章和制度。

（2）制订各自管理范围内的规章、制度、定额和技术标准，并监督、检查执行情况。

（3）建立健全科学的管理系统。

（4）积极推行现代化管理方法，采用先进技术，不断提高管理水平。

（5）积极开展各种经验交流、合理化建议和咨询服务等活动。

二、教练车机务管理的基础工作

（1）确保教练车技术状况符合《机动车运行安全技术条件》（GB 7258—2012）的要求和《营运车辆技术等级划分和评定要求》（JT/T 198—2004）所规定的二级车以上技术条件。

（2）落实每年1~2次的教练车综合性能检测。

（3）按规定为教练车安装副制动器、副后视镜、灭火器及其他安全防护装置和培训计时管理设备。

（4）按要求为教练车配置以下统一标识：号牌、车门两侧喷涂培训机构名称和行业管理部门统一的监督电话等。

（5）教练车必须建立健全技术档案，并按国家规定的机动车报废标准及时报废更新。

三、教练车的维护与修理

《汽车维护、检测、诊断技术规范》（GB/T 18344—2001）将车辆维护分为日常维护、一级维护和二级维护，其核心内容是“定期检测、强制维护、视情修理”。

1. 日常维护

日常维护是发挥车辆效率、节约维修费用、降低能耗、延长车辆使用寿命的重要环节。日常维护的作业内容是清洁、补给和安全检视，由教练员负责执行。一般情况下，教练员应该带领学员共同完成。维护时间为：出车前、行驶中和收车后。

日常维护的主要内容：

（1）对外观、发动机外表进行清洁，以保持车容整洁。

（2）对各部位润滑油（脂）、燃油、冷却液、制动液、各种工作介质和轮胎气压进行检视补给。

（3）对制动、转向、传动、悬架、灯光信号等安全部位和位置以及发动机运转状况进行检视、校紧，以确保行车安全。

2. 定期维护

定期维护包括一级维护和二级维护。

（1）一级维护。一级维护是一项运行性维护作业，即在日常使用过程中以确保车辆正常运行为目的的作业。一级维护由维修企业负责执行，除日常维护作业外，以清洁、润滑和紧固为作业中心内容，并检查有关制动、操纵等安全部件。

（2）二级维护。二级维护是以消除隐患为目的的性能恢复性作业，尤其是恢复安全性能。为此，保证车辆二级维护作业的全面性和彻底性很重要。二级维护由维修企业负责执行，除一级维护作业外，以检查、调整转向节、转向摇臂、制动蹄片和悬架等经过一定时间使用后容易磨损或变形的安全部件为主，并拆检轮胎，进行轮胎换位，检查调整发动机工作状况和排气污染控制装置。

3. 修理

教学车辆修理应该贯彻“视情修理”的原则，即根据车辆检测诊断和技术鉴定的结果，视具体情况按不同作业范围和深度进行。这样既能够防止拖延修理而造成车况恶化，又可防止因车况恶化而形成的教学事故隐患。

四、安全管理措施

1. 加强安全风险防范

机动车驾驶驾培机构必须具备与其经营范围相适应的责任赔偿能力，一旦发生责任事故，驾培机构应具有承担赔偿责任的能力。驾培机构加强安全风险防范能力的措施主要有：驾培机构按国家规定，通过参加保险等形式，建立安全风险防范机制；驾培机构必须将其各种不同经营方式的所有教练车辆全部纳入安全教学管理范围；驾培机构领导要承担领导、管理、监督、检查、教育的责任，发生安全事故，实行责任追究制度。

2. 安全教育培训

加强员工安全意识，提高驾培机构员工专职技能，机动车驾驶驾培机构需要对员工进行有针对性的教育培训，为保证培训效果，必须使培训教育工作制度化、经常化、正规化。

1）安全管理人员培训

驾培机构每年根据上级主管部门安排，结合本单位安全教学特点及岗位需要，每年组织不少于两次培训，培训时间不少于5天，参加培训人员为本单位全体安全管理人员。安全管理人员培训内容包括党和国家关于安全教学的方针政策、上级安全教学文件及指示精神、交通安全法律法规、安全教学管理基础知识、岗位操作规程等。

2）普通员工的培训

新招收的教练员，结合机动车驾驶培训工作特点，在上岗前必须进行必要的安全知识培训，使他们掌握基本的安全常识。对教练员的教育培训工作由驾培机构安全分管领导负责组织，培训内容包括国家关于安全教学的方针政策、安全工作的重要意义、职业道德规范、交通规则、安全规章制度、安全教学规程、安全行车经验、安全评比条件、典型交通事故案例分析等。

3）培训方法

教育培训方法可以多种多样，如请人授课、集中学习、传达文件、播放录像、收听广播、组织讨论学习、知识竞赛等。为不影响教学，培训工作要因地制宜，要注意将脱产培训与在岗培训、驾培机构培训与专门院校培训、普及性培训与提高性培训结合起来，以照顾各种不同的情况。

3. 安全教学会议

为加强安全教学源头管理，加强交流与协调，驾培机构应经常性召开安全教学工作会议，一般按照月、季召开。驾培机构应每月召开一次安全教学例会，召集本驾培机构安全教学分管领导、专职安全管理人员参加，传达上级文件精神，通报上月安全教学状况，检查上月安全例会相关决议落实情况，部署下月工作。

驾培机构应每季度末召开一次大型安全例会，由分管安全负责人主持，召集安全管理职能部门、专职安全管理人员、行政班组（或车队）负责人参加，总结上季度安全教学工作，研讨存在的问题，部署下季度安全教学工作。

4. 安全监督检查

1）安全监督检查的原则

检查负责制：谁检查、谁签字、谁负责。

配合协作制：各相关部门及教练员应积极配合检查，任何人不得妨碍和干扰正常的检查。

2）安全监督检查的方式

日常检查：驾培机构每月组织两次机务安全检查，检查具体时间视情况而定。

专项检查：驾培机构根据政府及行业主管部门要求，开展各类专项检查。

日常检查与专项检查在时间上接近或重合，或在内容上有一致性时，可以相互兼顾，结合进行。日常检查由驾培机构专职安全管理人员牵头，有关人员参加；专项检查一般由驾培机构分管安全领导组织相关人员组成专门检查组来实施。

3）安全监督检查的内容

监督检查的内容根据驾培机构的工作特点来确定，主要包括检查制度、查现场、查隐患、查整改、查事故处理等。

（1）查制度：检查各项安全教学管理制度是否建立健全并得到贯彻落实，各级安全目标责任制是否得到落实。

（2）查现场：检查人员深入教学道路、教练场地上，检查教学场地、车辆相应安全设施是否配备到位，教练员的教学行为是否符合行业法律、法规的要求。

（3）查隐患：查找可能导致道路交通事故、车辆机械事故、消防安全等安全事故的因素，并下达整改意见书，明确整改措施和完成期限。

（4）查整改：在贯彻边查边改原则的同时，对以前查出的事故隐患是否按当时登记的项目、整改措施和完成期限进行了整改。

（5）查事故处理：检查各类事故是否按照规定及时报告，认真调查，严肃处理，并做到“四不放过”。

4）安全监督检查的总结

监督检查工作完毕后，要认真总结，立卷归档。对存在问题的人员、车辆，检查组要签发隐患整改通知书，并规定整改限期，落实整改责任人，加强整改期间的跟踪监控，加大防范措施，确保安全教学。

5）安全教学隐患整改

为加强安全教学管理，应消除安全教学中发生的事故隐患，最大限度地减少一般事故，有效遏制重特大事故的发生。

（1）隐患及其分类

安全教学隐患是指可能导致事故发生的危险状态、人员的不安全行为和管理上存在的缺陷。根据隐患的危险性大小、可能造成后果的严重程度和经济损失情况，可以分为一般隐患、重大隐患和特别重大隐患三类。

（2）隐患整改的原则

在进行安全教学隐患整改时，必须遵守以下原则：

①安全第一、预防为主的原则。

②“抓教学必须先抓隐患 整改”和“谁主管、谁负责”原则。

③迅速、及进、安全、彻底的原则。

（3）隐患整改措施

人员的不安全隐患应本着“发现一处、随时消灭一处”的整改原则，对人为隐患，要通过加强安全宣传教育，严抓各项制度落实，强化考核，努力提高全员遵章守纪的自觉性和安全防范意识，消除人的不安全行为。

车辆及设施、设备的不安全隐患整改，要及时按相应技术规范和标准要求维修、加固、整治隐患部位。

（4）整改工作的监督、检查

驾培机构安委会负责协调、指导、监督驾培机构内隐患整改工作，相关职能部门负责隐患整改的组织落实、方案实施及事故防范等措施的实施，并进行检查、督促和全面管理。

五、事故处理

当发生教学行车事故而自身受伤不严重时，教练员此时应该保持清醒，做好现场处理以及事后索赔等项工作，防止车辆进一步受损和人员伤害。

1. 现场处理

迅速报警或通知有关部门。当事故发生后，要以尽可能快的速度向公安机关交通管理部门或交通警察报告，不要隐瞒事故；如造成人员死亡或危险化学品运输事故，还应及时向交通部门报告；如有人员伤亡，要以尽可能快的速度向医疗机构求助；在通知有关部门时，尽量弄清自己的所在地，以便说清事故的准确位置；向保险公司报告；尽快向车主汇报事故发生的全部细节。当事人逃逸，造成现场变动、证据灭失，公安机关交通管理部门无法查证交通事故事实的，逃逸的当事人承担全部责任；当事人故意破坏、伪造现场、毁灭证据的，也应承担全部责任。

保护好事故现场。当事故发生后，在迅速报警或通知有关部门时，应保护好现场，并阻止在同一地点发生另外事故。开启危险报警闪光灯，或者放置闪光三角牌向其他车辆示警，一定要保证能够被其他驾驶员看见，以避免事故。

积极救护伤员。尽可能做好伤员的救护工作，扎住伤员伤口，防止大出血，给伤员取暖。除非有起火的危险，或确有车辆需要通过，否则不要轻易移动重伤员。

2. 事故处理的程序与索赔

1）事故处理的程序

（1）简易程序处理

在交通事故案情简单、仅造成车物损失或人员受轻微伤的轻微或一般事故，当事人对事故事实及责任认定无争议的，可适用简易程序。简易程序处理交通事故时，当事人应当填写事故发生的时间、地点、天气、当事人姓名、机动车驾驶证号、联系方式、机动车牌号、保险凭证号、事故形态、碰撞部位、赔偿责任人等内容的协议书或者文字记录，共同签名后立即撤离现场，协商赔偿数额和赔偿方式。

（2）一般程序处理

不适用简易程序的其他交通事故或当事人不同意使用简易程序的交通事故，公安机关交通管理部门将按一般程序处理。

2）事故处理的索赔

在事故发生 48 小时内通知保险公司，告知事故发生时间、地点、过程、原因、事故损失及施救情况。保险公司将立即派人到事故现场，根据对事故的不同情况采用不同的处理程序。当事人在进行理赔时需要准备相应的单证，包括：保险单、被保险人身份证、事故损失照片、肇事人驾驶证有效复印件、道路交通事故责任认定书、道路交通事故损害赔偿调解书、道路交通事故简易调解书、事故赔偿终结书、修理费原始发票、财物损失清单、施救费用原始发票、残件回收单等。索赔单证必须在车辆修复或事故结案三个月内交予保险公司，否则不予赔偿。

行车、教学事故的处理应以公安管理部门的裁决书为准。驾培机构安全管理部门根据公安部门的裁决，提出对事故责任者的内部处理意见，报分管安全的驾培机构负责人和安委会审批。

驾培机构安委会根据事故级别、责任大小和所造成的影响，按驾培机构有关规定，审批对事故当事人处理的决定。

要建立完整的事故档案。发生重大及以上事故，必须做到一事一档。

驾培机构必须按规定填报安全责任事故统计报表。

第四节　行车事故统计报告制度

一、行车事故统计

1. 行车事故统计分类

行车事故统计分为：轻微事故、一般事故、重大事故和特大事故四个等级。

（1）轻微事故是指一次事故造成轻伤 1 ~ 2 人，或现场车、物（含牲畜伤亡，下同），或损失折款 1000 元以下的事故（当事故涉及多方时，包括多方车物损失，下同）。

（2）一般事故是指一次事故造成重伤 1 ~ 2 人，或轻伤 3 人及以上，或现场车、物损失折款 1000 元至 30000 元以下的事故。

（3）重大事故是指一次事故造成死亡 1 ~ 2 人，

或重伤3～10人，或现场车、物损失折款30000元至60000元以下的事故。

（4）特大事故是指一次事故造成死亡3人及以上，或重伤11人及以上，或死亡1人，同时重伤8人及其以上，或死亡2人，同时重伤5人及以上，或车、物损失折款60000元以上的事故。

2. 行车事故类别

行车事故类别分为：翻车、坠车、碰撞、刮擦、运行伤害、爆炸、失火等。

3. 行车事故应负责任

行车事故应负责任为：全部、主要、同等和次要责任。

二、行车事故报告

按事故的损害情况，行车事故报告形式为一般报告和紧急报告两种。

1. 一般报告

1）一般事故报告的范围

（1）一次死亡（失踪）1～2人。

（2）一次重伤3～9人。

（3）遇险人数1～4人。

(4) 无人员伤亡但经济直接损失 50～100 万元以下的行车事故或车辆火灾事故。

2）一般事故报告的程序

发生事故的道路运输经营者，在接到事故报告后 6h 内按照事故报告的内容和要求，将所发生的事故情况向经营者所属地的道路运管机构报告。该道路运管机构在接到行车事故报告后 6h 内，应向本级交通主管部门及上一级道路运管机构报告。上级市道路运管机构在接到行车事故报告后 6h 内，应向本级交通主管部门和上一级道路运管机构报告。省道路运管机构每月汇总后报省交通厅。

2. 紧急报告

1）紧急报告的范围

(1) 一次死亡（失踪）3 人及以上的事故。

(2) 一次死亡重伤 10 人及以上的道路运输行车事故；涉及外籍人员（包括港、澳、台）死亡的道路运输行车事故。

(3) 造成直接经济损失 100 万元以上的道路运输行车事故。

(4) 发生危险化学品（包括剧毒、放射、爆炸品等）运输翻车或泄漏等的运输事故。

(5) 事故虽未达到上述标准，但已造成较大影响或易引发其他事端的，或其他需及时上报的重要情况。

2）紧急报告的程序

发生事故的道路运输经营者，在接到报告后2小时内按照事故报告的内容要求，将所发生的事故情况分别向道路运输经营者所属地和事故发生地的县（市、区）道路运管机构报告。

道路运输经营者所属地的县（市、区）道路运管机构接到事故报告后2小时内，应直接向省道路运管机构及省交通厅报告，同时向县（市、区）交通主管部门和市道路运管机构报告。市道路运管机构在接到事故报告后，应尽快了解详情，在6小时内向省道路运管机构作补报或续报，事故初步原因要在12小时内续报省道路运管机构。

事故发生地县（市、区）、市道路运管机构已知事故情况后，直接向省道路管机构及省交通厅报告；省道路运管机构接到事故报告后，要在规定时间内向交通部公路司报告。

发生事故后，在死亡（失踪）人数不明的情况下，一律按紧急事故程序报告，待事故伤亡人数确认后再补报或续报。

3. 事故报告的具体内容

事故报告统一使用交通部《道路运输行业行车事故快报》格式，按照事故报告程序，由事故报告单位负责填报。报告的具体内容如下：

（1）事故发生的时间（年、月、日、时）、天气情况。

（2）车辆牌号、车型、核定人（吨）数、实载人（吨）数，或危险化学品品名。

（3）事故发生的地点、道路类别（高速、国道、省道、县乡道）、运行线路、线路类别、始发站（地）、车站等级。

（4）发生事故的车辆单位（全称）、企业资质等级。

（5）驾驶员（押运员）姓名、从业资格类别及证号。

（6）人员伤亡、失踪人数、初步估算直接经济损失情况。

（7）事故概况。

（8）事故原因、责任分析的初步判断。

（9）报告人姓名、联系电话、报告日期。

（10）报告单位盖章。

4. 事故结案后的上报

列为紧急报告程序的行车事故，道路运输经营者所属地的县（市、区）运管机构在事故责任认定后的10天内，将事故责任认定书复印件报送省道路运管机构。事故最终结案后30天内，书面写出事故结案报告，并对承担事故责任单位和人员处理情况，报省道路运管机构。省道路运管机构将事故结案报告报交通部公路司。

第五节　教学行车安全事故案例选

案例一：

一教练车发生事故　两名学员死亡

2009 年 8 月 6 日下午 5：00，一辆乘坐了 4 人的教练车在行驶过程中突然冲到逆向车道上，与对向开来的一辆农用小货车发生猛烈碰撞，小货车一头栽进路旁湖中，教练车上的两名年轻学员不幸殒命，见图 4-1。事故发生五六分钟后，交警和消防部门的抢险人员赶到现场。此时，落水的货车驾驶员和一名乘客正挣扎着游了上来，看起来没有大碍。而教练车上却是一片鲜血，乘坐在副驾驶位置的一名年轻男子头部严重受伤，当场身亡，后座上的两人也伤势不轻。只有当时开车的教练陈某在民警赶到时还能出声应答。赶到现场的民警和消防队员迅速对变形的车辆展开破拆施救，然而由于伤势过重，后座上的一名学员在被送往医院不久后不治身亡。从警方处获悉，该路段的监控显示，事发前，该教练车突然驶上了逆向车道，与对向车辆发生碰撞，货车栽入水中，教练车则被撞得掉了个头。据警方初步了解，在事故中身亡的两名学员林某和石某只有 22 岁和 28 岁，事发时驾车的是教练陈某。这辆教练车在事故发生时尚未持有正式车辆号牌。

图 4-1　一教练车发生事故现场图

案例二：

大学女教师学车意外身亡　教练应承担事故全责

2005 年 3 月 28 日下午 1：30 左右，某大学 24 岁的女教师朱某在教练员童某的陪同下练车。在通往沿江大提的一条正在施工、泥泞湿滑的便道上，突然出现一个 90 度的直弯，经验不足的朱老师眼见拐过去有难度，就下意识地紧急制动，车辆瞬间侧滑翻入路旁的水沟中，朱老师送医院抢救无效死亡，童教练无碍。

童教练 28 岁，有 6 年驾龄，持教练证两年。

《道路交通安全法实施条例》明确规定"学员在学习驾驶中有道路交通安全违法行为或者造成交通事故的，由教练员承担责任"。朱老师尚在学习驾驶中，没有应急处置能力，而且教练员让学员在没有安全保障的路线上练车是个大失误，所以童教练应承担交通事故全部责任。童教练所在的驾校也应承担一定的民事责任 。

案例三:

一驾校教练车逆行酿事故　多名女学员受伤

2009 年 5 月 17 日下午 1：30 左右，312 国道某高架桥下，一辆越野车与一辆逆向行驶的教练车发生相撞。事故造成教练车上几名女学员受轻伤，见图 4-2。

图 4-2　教练车逆行酿事故

一辆越野车行驶至 312 国道某高架桥下出口处时，突然一辆驾校的教练车迎面而来，由于制动不及，两车相撞。事故造成了越野车前部严重受损，车辆前部发动机及发动机舱盖扭曲变形，水箱破损严重。教练车两侧车门玻璃破碎，车身中间呈凹陷状，正在车内学习驾驶的多名女学员因撞击而受轻伤。一位目睹事故发生经过的市民说："教练车是教别人学习驾驶的，在这个地段逆向行驶真不应该啊！"

事故原因初步确定为教练车逆向行驶。

案例四：

学车出事故　驾校赔偿16万元

驾校学员赵某在外出练车过程中和一辆外地拖拉机相撞，赵某和同车的另一位乘员都因伤势过重死亡。赵某的家属一纸诉状将驾校以及拖拉机驾驶员、拖拉机挂靠的公司、保险公司一并告到法院，要求四被告共同承担赵某死亡造成的各项损失50多万元。

赵某是家里的顶梁柱，有年近六旬的父母，儿子刚刚十来岁。2008年夏天，赵某在当地一家著名驾校报名参加机动车驾驶培训。2008年8月的一天下午，轮到赵某驾车上路练习，当时车上还有另一位乘员，没想到中途教练车跟一辆外地拖拉机相撞，赵某驾驶的车子严重变形，人被死死卡在里面，而车上的另一位乘员也严重受伤。两个人都因伤势过重先后死亡。

事后，经交管部门认定，拖拉机驾驶员王某负事故的主要责任，而赵某只负事故的次要责任。

法院认为，王某的拖拉机在保险公司投保，因本事故死亡两人，交强险和第三者责任险应保留一定份额，保险公司赔付过后，剩余部分再由驾校、王某、拖拉机挂靠单位按各自事故责任赔偿。法院一审判决赵某学车所在的驾校赔偿其家属各项损失16万余元，保险公司赔偿15万余元，王某及其车辆挂靠公司一同赔偿赵某家属近21万元，四被告相互负连带赔偿责任。

案例五：

学车出事故　一学员死亡

2005年11月12日下午3：30左右，学员张某驾驶一辆教练车正在练车，当时另一名学员陈某坐在教练车后排，在行驶过程中，车辆突然失控冲破道路防护栏，翻下路面，造成车上一名学员受伤，另外一名学员死亡。据生还的学员介绍，事发时教练员在车外，没有坐在副驾驶的位置上。教练员负事故全责。

案例六：

学员练车出事故　教练韩某被判刑

2007年9月8日9：00，某驾校教练员韩某带领杜某等13名学员练习驾驶技术。当学员杜某驾车时，韩某在副驾驶座位上负责监护。杜某开车由一挡逐渐增至四挡后，教练员韩某让其靠边停车。杜某向右侧转动转向盘并踩制动踏板，韩某见车要驶出路面，便向左侧转动转向盘。此间，杜某松开制动踏板致车辆侧翻，造成教练车上学员1人死亡、1人轻伤、11人轻微伤。事故发生后，韩某当即委托学员拨打120急救电话，并拨打110报警。案发后，驾校与死者家属达成赔偿协议，一次性赔偿22万元。同时，与其他受伤人员也达成协议。

法院经审理认为，韩某身为机动车教练员，在教学员驾驶技术时，未能确保行车安全，其行为违反了《道路交通安全法实施条例》，触犯了《刑法》，构成了交通肇事罪，犯罪后能主动向公安机关报案，并如实供述犯罪事实，具有自首情节。被害人家属获得赔偿后已谅解了被告人的过失犯罪行为，故依照《刑法》有关规定，判处被告人韩某有期徒刑两年，缓刑两年。

案例七：

教练下车喝水　事故就这样发生

2009年7月6日下午3：30左右，一辆教练车的教练员下车喝水时，一上车练习刚3天的学员上车发动教练车，冲上路边约30厘米高的花台，然后冲过路边2多米高的堡坎翻覆，险些坠入长江中。路边一名等候上车练习的学员躲闪不及，也被车顶下堡坎受伤。

按规定，在教学过程中，教练员是不能离开车辆及学员的。如果教练员在车上，事故就可以避免。

案例八：

学员驾车出事故　教练获刑入监狱

2008年12月20日17：00左右，学员洪某驾驶重型普通货车在驾校院内练习坡道起步项目，身为教练的徐某未随车指导。17：24，洪某在由西向东倒车下坡的过程中，车尾驶向路南侧围墙，因车速过快，将站在围墙边的学员严某夹挤在围墙与车尾之间，致其当场死亡。法医鉴定，严某前胸多处粉碎性骨折，车尾弯曲的保险杠从左侧脊椎穿透。公安局交通巡逻警察大队认定，教练员徐某负此事故的全部责任。

案例九：

徒弟撞人　师傅担责

2004 年 10 月 11 日上午 10：30，学员温某在教练员谢某的随车指导下，来到道路上学习机动车驾驶技能，因操作不当，将迎面骑自行车的涂某撞倒在地。事后，涂某被送往当地医院治疗，花费医疗费等 3 万余元。事故发生后，交警部门认定教练车在事故中负全部责任。

根据《道路交通安全法实施条例》第 20 条规定：在道路上学习驾驶，应当按照公安机关交通管理部门指定的路线、时间进行。在道路上学习机动车驾驶技能应当使用教练车，在教练员随车指导下进行，与教学无关的人员不得乘坐教练车。学员在学习驾驶中有道路交通安全违法行为或者造成交通事故的，由教练员承担责任。

案例十：

杭州西溪路教练车事故

2010 年 3 月 18 日上午 7：00，某驾校教练车在训练场地进行场地教学训练，学员张某驾驶车辆正进行倒桩移库驾驶训练，车上还有另外一名学员，教练员来某在教练车外指导。教练车突然冲出场地撞破围栏以及隔离墩，撞向围墙，致使围墙倒塌，砸倒了正路过此地的六年级小学生徐某，见图4-3。徐某经抢救无效死亡，学员张某受轻伤。

图4-3 教练车撞坏围墙

教练员来某严重违反教学规范，未随车教练，致使学员张某因操作失误，发生突发紧急情况时，未能采取有效应对措施，最终造成事故。是造成这次事故的主要原因。在本次事故中，教练员负全责，驾校负连带责任，驾校对训练场地的防护设施日常巡查不严，对场地周围安全隐患认识不足，这是造成这次事故的次要原因；场地管理员对教练员的违规行为、教练行为监管不力，也是造成此次事故的原因。